ALTDEUTSCHE TEXTBIBLIOTHEK

Begründet von Hermann Paul
Fortgeführt von Georg Baesecke und Hugo Kuhn
Herausgegeben von Burghart Wachinger
Nr. 68

Der Stricker

Verserzählungen

II

Mit einem Anhang:

Der Weinschwelg

Herausgegeben
von
Hanns Fischer

3., revidierte Auflage
besorgt von Johannes Janota

MAX NIEMEYER VERLAG TÜBINGEN

1984

CIP-Kurztitelaufnahme der Deutschen Bibliothek

Stricker, Der:
Verserzählungen / Der Stricker. Hrsg. von Hanns Fischer. — Tübingen :
Niemeyer
NE: Fischer, Hanns [Hrsg.]; Stricker, Der: [Sammlung]
2. Mit e. Anh.: Der Weinschwelg. — 3., rev. Aufl. / besorgt von Johannes
Janota. — 1984.
  (Altdeutsche Textbibliothek ; Nr. 68)
NE: GT 59; 53

Gebundene Ausgabe: ISBN 3-484-21168-7
Broschierte Ausgabe: ISBN 3-484-20168-1

INHALTSVERZEICHNIS

VORWORT ZUR 3. AUFLAGE

Der unterschiedliche Auflagenrhythmus, der sich bei den zwei Teilbändchen der Fischerschen Stricker-Ausgabe eingestellt hat, führte zunehmend zu Verzerrungen, da für die Strickeriana des vorliegenden Bändchens grundsätzlich auf die bibliographischen Nachweise in Teil I verwiesen wurde. Ich habe mich daher bei der anstehenden Neuauflage nicht auf die obligatorische Tilgung einiger weniger Errata beschränkt, sondern den Teil II erstmals mit einer eigenen Bibliographie ausgestattet. Um das Bändchen nicht ungebührlich zu verteuern, war freilich eine Beschränkung auf das Notwendigste unerläßlich. Aus diesem Grunde mußte auch ein Abdruck der Grundsätze für die philologische Texteinrichtung unterbleiben, über welche die Einleitung zum ersten Bändchen ausführlich unterrichtet. Dieser Verzicht erschien mir zumutbar, weil zur Diskussion der Editionsgrundsätze ohnehin der Textbestand beider Teilausgaben beizuziehen ist; eine Art Kurzfassung für die Stücke XIV–XVII wäre daher kaum sinnvoll gewesen. Trotz dieser Beschränkungen dürfte das zweite Teilbändchen nunmehr seine erwünschte Selbständigkeit[1] erreicht haben.

Augsburg, im Mai 1984   J. J.

VORWORT ZUR 2. AUFLAGE

Beim zweiten Teilbändchen der Fischerschen Stricker-Ausgabe konnte – wie schon bei Teil I – der Revision ein gebesserter Nachdruck der vorhergehenden Auflage zugrunde gelegt werden. Allerdings habe ich auch hier die Chance der Neuauflage wieder-

---

[1] Dafür plädierte u. a. auch Stephen L. Wailes in seiner Rezension (Colloquia Germanica 12. 1979. S. 143f). Bei dieser Gelegenheit danke ich allen, die durch Anregungen und Hilfe an der Neuauflage mitgewirkt haben.

um dazu genutzt, über die Beseitigung einiger Errata hinaus die Texte noch näher an die Leithandschriften heranzuführen[1]. Bei diesem Versuch[2] war im Blick auf eine einheitliche Konzeption beider Ausgabenteile ein Mittelweg zu wählen und die Entscheidung in einigen strittigen Fällen analog zum ersten Teilbändchen vorerst zurückzustellen.

Als eine Bereicherung gegenüber der letzten Auflage dürfen bei den Nummern XV und XVI die Lesarten von K und bei Nummer XVII die von N (bislang nur durch K. Zwierzinas Abschrift repräsentiert) angesehen werden; beide Handschriften sind jetzt in der Bibliotheca Bodmeriana der wissenschaftlichen Öffentlichkeit zugänglich[3]. Bei dieser Gelegenheit habe ich nun auch – wie zuvor schon in meinen beiden Abbildungsbändchen[4] – die Zählung von K nach dem Handschriftenbefund umgestellt[5]. [...]

Siegen, im August 1976   J. J.

---

[1] Es handelt sich dabei um folgende Verse: XIV, 171. 297; XV, 68. 90. 123. 129. 283. 299; XVI, 15. 82; XVII, 64. 113. 116; XVIII, 75. 114. 125. 159. 256. 380. 384. 403.

[2] Zu danken habe ich hierbei wiederum meinem Tübinger Kollegen Paul Sappler für seine freundschaftliche Unterstützung.

[3] Hans Braun, dem Bibliotheksdirektor der Fondation Martin Bodmer in Cologny-Genève, bin ich für die Überlassung von Mikrofilmaufnahmen aus K und N zu Dank verpflichtet. – Zu K vgl. auch S. Krämer, Verbleib unbekannt. Angeblich verschollene und wiederaufgetauchte Handschriften. ZfdA 103 (1974) S. 118–123, hierzu S. 120–123.

[4] Der Stricker. Abbildungen zur handschriftlichen Überlieferung. I. Der nackte Bote. II. Die Martinsnacht. Anhang: Der Weinschwelg. Hrsg. von J. Janota. Göppingen 1974, mit Abbildungen zu den beiden Strickerschen Mären aus K.

[5] Sie liegt bei den vorliegenden Stücken um eine Nummer tiefer als die in der Forschung bislang übliche Zählung; vgl. die Hinweise im Vorwort zur 4. Auflage des ersten Teilbändchens (s. u. S. IX Anm. 1) S. VII.

VIII

VORWORT ZUR 1. AUFLAGE

Die Grundsätze für die Behandlung und Einrichtung der Stricker-Texte sind in der Einleitung zum ersten Bändchen[1] ausführlich dargelegt worden. Ich habe sie im ganzen auch für den ‚Weinschwelg‘ beobachtet, nur daß ich den graphischen und lautlichen Inkonsequenzen des überhaupt etwas willkürlichen Schreibers mehr Spielraum ließ, also weniger stark „normalisiert" habe[2]. Auch hier war ich bemüht, nach Möglichkeit mit der Lesung von A auszukommen[3], die frühere Herausgeber öfter, wie mir scheint, ohne Not verlassen haben. Ihre Besserungsvorschläge, vor allem die E. Schröders[4], habe ich natürlich geprüft und einige auch (ohne Bezeichnung der Herkunft) in meinen Text aufgenommen.

Der Apparat verzeichnet, abgesehen von den wenigen Varianten des kleinen Bruchstücks bb, die Lesungen von A, denen der Text nicht folgt, im allgemeinen unter Ausschluß der Fälle, die durch die für die Stricker-Texte angeführten Einrichtungsregeln gedeckt sind; doch sind gelegentlich, wie schon bei Schröder, besonders charakteristische Lautungen und Schreibungen (auch Schreibfehler) der Handschrift mitgeteilt. Die entstellte jüngere Fassung des ‚Weinschwelgs‘ aus c – in der 1. Auflage nicht mit einbezogen und von der Kritik vermißt – ist nun

---

[1] Der Stricker. Verserzählungen I. Hrsg. von Hanns Fischer. 4., revidierte Auflage besorgt von Johannes Janota. Tübingen 1979. (ATB 53.)

[2] Die Einführung der Schreibung *cl, cn, cr* (statt *kl, kn, kr,* hsl. *chl, chn, chr;* dazu *anpfanc* V. 227) empfahl sich auf Grund der Beobachtung L. Wolffs (s. Bibliographie), daß der Autor die Reimwörter auf *tranc* in alphabetischer Folge verwendet (*banc, blanc, clanc, cranc, danc, fanc* usw.).

[3] Diese Tendenz ist übrigens auch am Schröderschen Text im Fortgang der Auflagen zu bemerken.

[4] S. Bibliographie.

als ganze wiedergegeben, da sie am Ort ihres Erstdrucks[5] nicht leicht zugänglich ist und immerhin ein interessantes Dokument der Überlieferungsgeschichte darstellt.

Um die Benutzung zu erleichtern, sei die Überlieferung, die für die Texte dieses Bändchens in Betracht kommt, hier noch einmal angeführt:

A = Österreichische Nationalbibliothek Wien Cod. 2705, Pergament, um 1260/90 (enthält Nr. XV. XVI. XVII. XVIII)

C = Badische Landesbibliothek Karlsruhe Hs. St. Georgen LXXXVI, Papier, 16. Jh., erste Hälfte (enthält Nr. XVII)

H = Universitätsbibliothek Heidelberg Cpg. 341, Pergament, um 1320/30 (enthält Nr. XIV. XV. XVI. XVII)

K = Bibliotheca Bodmeriana Cologny-Genève Cod. Bodmer 72 (früher Erzbischöfliche Bibliothek Kálocsa, Ms. 1), Pergament, um 1320/30 (enthält Nr. XV. XVI)

L = Fürstlich Fürstenbergische Hofbibliothek Donaueschingen Hs. 104 (= Laßbergs ,Liedersaal'-Codex), Papier, um 1430 (enthält Nr. XVII)

M = Bibliothek des Benediktinerstiftes Melk Cod. 1547 (früher R 18), Pergament, 14. Jh., Mitte (enthält Nr. XVII)

N = Bibliotheca Bodmeriana Cologny-Genève Cod. Bodmer 155 (früher Fürstlich Dietrichsteinsche Bibliothek Nikolsburg Cod. S. I., N. 76), Pergament, 14. Jh. (enthält Nr. XVII)

Q = Bayerische Staatsbibliothek München Cgm. 273, Papier, 1459 (enthält Nr. XVII)

V = Biblioteca Apostolica Vaticana Rom Cod. Regin. Lat. 1423, Pergament, 1347 (enthält Nr. XVII)

W = Österreichische Nationalbibliothek Wien Cod. 2884, Papier, um 1380/90 (enthält Nr. XVII)

c = Badische Landesbibliothek Karlsruhe Hs. Karlsruhe 408 (früher Durlach 481), Papier, um 1430/40 (enthält Nr. XVIII)

f = Universitätsbibliothek Innsbruck Cod. 922, Pergament, 14. Jh. (enthält Nr. XVII)

---

[5] Karl Bartsch, Beiträge zur Quellenkunde der Altdeutschen Literatur. Straßburg 1886. S. 87–94; inzwischen liegt eine weitere Publikation dieser Fassung von U. Schmid vor (s. Bibliographie).

s^1 = Stadtarchiv Freiburg i. Br. Cod. B 1 (H) 199, Papier, 14. Jh. (enthält Nr. XVII)

s^2 = Ehemals Preußische Staatsbibliothek Berlin Ms. germ. fol. 1097 (jetzt Staatsbibliothek der Stiftung Preußischer Kulturbesitz, Berlin), Papier, 15. Jh. (enthält Nr. XVII)

bb = Universitätsbibliothek Leipzig Cod. Ms. 1614 (Fragmentensammelband) Bl. 14, Pergament, 14. Jh. (enthält drei kleine Bruchstücke von Nr. XVIII = V. 33–38. 77–83. 121–127)[6]

---

[6] Abgedruckt durch H. Menhardt Beitr. (Tübingen) 84 (1962) S. 283f.

BIBLIOGRAPHIE

Die Forschungsliteratur zu Strickers Verserzählungen wird durch die systematische Forschungsbibliographie in der Neuauflage von H. Fischers „Studien zur deutschen Märendichtung" (s. u.) nachgewiesen. Nachstehend aufgeführt sind in chronologischer Reihenfolge nur solche Arbeiten, die ganz allgemein oder durch spezielle Untersuchungen einen interpretatorischen Zugang zu den Texten des vorliegenden Bändchens schaffen wollen. Ausführlichere Angaben finden sich dagegen zu Strickers ‚Der Richter und der Teufel' und – wie früher schon – zum ‚Weinschwelg', da diese beiden Texte in H. Fischers Mären-Bibliographie nicht erfaßt sind.
Die Titelaufnahme wurde Ende 1983 abgeschlossen.

1. Handbücher

Gustav Rosenhagen, Der Stricker. In: Die deutsche Literatur des Mittelalters. Verfasserlexikon. Hrsg. von Wolfgang Stammler und Karl Langosch. 4. Bd. Berlin 1953. Sp. 292–299. Nachtrag: 5. Bd. Berlin 1955. Sp. 1069–1072 (Siegfried Sudhof).
Helmut de Boor, Die deutsche Literatur im späten Mittelalter. Zerfall und Neubeginn. Erster Teil. 1250–1350. München 1962. ⁴1973. S. 231 bis 241 und passim.
Ute Schwab, Der Stricker. In: Dizionario critico della letteratura tedesca. Hrsg. von Sergio Lupi. 2. Bd. Turin 1976. S. 1132–1135.
Max Wehrli, Geschichte der deutschen Literatur von den Anfängen bis zur Gegenwart. Stuttgart 1980. S. 531–535 und passim.
Hanns Fischer, Studien zur deutschen Märendichtung. Tübingen 1968. ²1983. S. 145–148. 405–417 [systematische Forschungsbibliographie bis Ende 1981, mit Nachweis weiterer Ausgaben zur Strickerschen Kleindichtung].
Karl-Heinz Schirmer, Das Märe. Die mittelhochdeutsche Versnovelle des späteren Mittelalters. Darmstadt 1983 (Wege der Forschung 558).

2. Allgemeines

Hanns Fischer, Strickerstudien. Ein Beitrag zur Literaturgeschichte des 13. Jahrhunderts. Masch. Diss. München 1953.
Erhard Agricola, Die Komik der Strickerschen Schwänke. Ihr Anlaß, ihre Form, ihre Aufgabe. Masch. Diss. Leipzig 1954.
Ders., Die Prudentia als Anliegen der Strickerschen Schwänke. Eine Untersuchung im Bedeutungsfeld des Verstandes. In: Beitr. (Halle)

77. 1955. S. 197–220. Wiederabdruck: K.-H. Schirmer, Das Märe (s. o.) S. 295–315.

Wolfgang Spiewok, Der Stricker und die Prudentia. In: Wiss. Zs. der Ernst-Moritz-Arndt-Universität Greifswald 13. 1964. S. 119–126.

Karl-Heinz Schirmer, Stil- und Motivuntersuchungen zur mittelhochdeutschen Versnovelle. Tübingen 1969 (passim).

Martin Wierschin, Einfache Formen beim Stricker? In: Werk – Typ – Situation. Festschrift Hugo Kuhn. Stuttgart 1969. S. 118–136 (S. 128 bis 136).

John Margetts, Non-feudal attitudes in Der Stricker's short narrative works. In: Neuphilologische Mitteilungen 73. 1972. S. 754–774. Neudruck unter dem Titel „Die erzählende Kleindichtung des Strickers und ihre nichtfeudal orientierte Grundhaltung" in: K.-H. Schirmer, Das Märe (s. o.) S. 316–343.

Walter Köppe, Ideologiekritische Aspekte im Werk des Stricker. In: Acta Germanica 10. 1977. S. 139–211 (S. 163–209).

Stephen L. Wailes, Stricker and the virtue *prudentia*: A critical review. In: Seminar 13. 1977. S. 136–153.

Hedda Ragotzky, Gattungserneuerung und Laienunterweisung in Texten des Strickers. Tübingen 1981. S. 83–140.

Teresa Ann Reilly, The problem of *guot* in the works of the Stricker. Diss. University of California, Davis 1981.

Stephen L. Wailes, Studien zur Kleindichtung des Stricker. Berlin 1981.

Fritz Peter Knapp, Herzog Heinrich in einem Gedicht des Strickers. In: Unsere Heimat. Zs. des Vereins für Landeskunde von Niederösterreich 53. 1982. S. 265f.

Daniel Rocher, Inwiefern sind Strickers „maeren" echte „contes à rire"? In: Wolfram-Studien 7. 1982. S. 132–143.

3. Zu den einzelnen Texten

XIV. ‚Edelmann und Pferdehändler'[1]

K.-H. Schirmer, Stil- und Motivuntersuchungen (s. o.) S. 117–120. 131 Anm. 21.

W. Köppe, Ideologiekritische Aspekte (s. o.) S. 177–180 und passim.

H. Ragotzky, Gattungserneuerung (s. o.) S. 112–117 und passim.

XV. ‚Der junge Ratgeber'

K.-H. Schirmer, Stil- und Motivuntersuchungen (s. o.) S. 39 Anm. 128. 109 Anm. 138. 116. 120 Anm. 153. 131 Anm. 21.

---

[1] Unter dem Titel ‚Der Roßtäuscher' in der Ausgabe von Gustav Rosenhagen, Mären von dem Stricker. Halle 1934.

W. Köppe, Ideologiekritische Aspekte (s. o.) S. 172f. 207f.
H. Ragotzky, Gattungserneuerung (s. o.) S. 137–140 und passim.

XVI. ‚Der arme und der reiche König‘

K.-H. Schirmer, Stil- und Motivuntersuchungen (s. o.) S. 131 Anm. 21.
W. Köppe, Ideologiekritische Aspekte (s. o.) S. 167f. 207. 209.
H. Ragotzky, Gattungserneuerung (s. o.) S. 122–128 und passim.

XVII. ‚Der Richter und der Teufel‘

Henr. Amann, Praestantiorum aliquot codicum mss. qui Friburgi servantur ad iurisprudentiam spectantium notitia. Fasciculus I. Freiburg i. Breisgau 1836. Accessiones. S. 8–15 [nach s¹].
Friedrich L. A. von Laßberg, Der Schwabenspiegel oder schwäbisches Land- und Lehen-Rechtbuch, nach einer Handschrift vom Jahr 1287. Tübingen 1840. Nachdruck: Aalen 1961. S. 45–48 [nach H. Amann].
Ders., Lieder Saal, das ist: Sammelung altteutscher Gedichte, aus ungedrukten Quellen. 2. Bd. (Privatdruck o. O. 1822) St. Gallen und Konstanz 1846. Nachdruck: Darmstadt 1968. S. 349–355 [nach L].
Friedrich Heinrich von der Hagen, Gesammtabenteuer. Hundert altdeutsche Erzählungen. 3. Bd. Stuttgart und Tübingen 1850. Nachdruck: Darmstadt 1961. S. 387–393 [nach H mit Laa. von M und L].
Julius Ficker, Der Spiegel Deutscher Leute. Textabdruck der Innsbrucker Handschrift. Innsbruck 1859. S. 79–86 [nach f].
Karl August Eckhardt und Alfred Hübner, Deutschenspiegel und Augsburger Sachsenspiegel. Hannover ²1933. S. 155–163 [nach f, s¹ und s² mit Laa. von L].
Ute Schwab, Die bisher unveröffentlichten geistlichen Bispelreden des Strickers. Göttingen 1959. S. 284 [Laa. von A].
Helmut de Boor, Mittelalter. Texte und Zeugnisse. 1. Teilbd. München 1965. S. 327–330 [nach F. H. v. d. Hagen].
L. Röhrich, Erzählungen (s. u.) S. 251–256 [nach H. Fischer].
Karl August Eckhardt, Studia iuris suevici I. Urschwabenspiegel. Aalen 1975. S. 402–405 [nach s¹].
Wolfgang Wilfried Moelleken, Die Kleindichtung des Strickers. 4. Bd. Göppingen 1977. Nr. 126 (S. 188–205) [nach A mit Laa. aller Textzeugen²].

H. de Boor, Literaturgeschichte (s. o.) S. 556f. 561.
W. Spiewok, Der Stricker und die Prudentia (s. o.) S. 122f.

---

² Nachweis von Handschriftenbeschreibungen zu allen Textzeugen im 1. Bd. Göppingen 1973. S. XXI–XXXVII.

Lutz Röhrich, Erzählungen des späten Mittelalters und ihr Weiterleben in Literatur und Volksdichtung bis zur Gegenwart. 2. Bd. Bern und München 1967. S. 251–278 [Textabdrucke]. S. 460–471 [Kommentar und weitere Literaturhinweise].

K.-H. Schirmer, Stil- und Motivuntersuchungen (s. o.) S. 18 Anm. 63. 39 Anm. 128. 77 Anm. 83. 109–111. 131 Anm. 21.

M. Wierschin, Einfache Formen (s. o.) S. 129f.

J. Margetts, Non-feudal attitudes (s. o.) S. 764f. Neudruck S. 330.

W. Köppe, Ideologiekritische Aspekte (s. o.) S. 163–209 (passim).

Lutz Röhrich, Advokat und Teufel. In: Enzyklopädie des Märchens. 1. Bd. Berlin, New York 1977. S. 118–123.

H. Ragotzky, Gattungserneuerung (s. o.) S. 128–133 und passim.

Lambertus Okken, Richter, Teufel und Hiob. In: ABäG 17. 1982. S. 97–102.

XVIII. ‚Der Weinschwelg‘

Edward Schröder, Zwei altdeutsche Schwänke. Leipzig 1913. ²1919. ³1935 [mit Hinweis auf die älteren Ausgaben].

Helmut de Boor, Mittelalter. Texte und Zeugnisse. 2. Teilbd. München 1965. S. 1482–1488 [nach H. Fischer].

Johannes Janota, Der Stricker. Abbildungen zur handschriftlichen Über-lieferung. II. Die Martinsnacht. Anhang: Der Weinschwelg. Göp-pingen 1974.

Ursula Schmid, Codex Karlsruhe 408. Bern und München 1974. S. 444 bis 446 [nach c]³.

Edward Schröder, Zur Kritik des Weinschwelgs. In: GGN Philos.-hist. Klasse 1913. S. 102f.

Ludwig Wolff, Reimwahl und Reimfolge im Weinschwelg. In: ZfdA 72. 1935. S. 280f.

Hugo Kuhn, ‚Weinschwelg‘. In: Die deutsche Literatur des Mittelalters. Verfasserlexikon. Hrsg. von Wolfgang Stammler und Karl Langosch. 4. Bd. Berlin 1953. Sp. 890f.

---

³ In dieser bearbeiteten Transkription der Handschrift c erscheint der ‚Weinschwelg‘ als Nr. 72 (nicht als Nr. 73), weil U. Schmid das origi-näre Register von c nicht – wie bislang in der Forschungsliteratur geschehen – mitgezählt hat; um Verwirrungen zu vermeiden, habe ich mich weiterhin an die eingeführte Zählung gehalten. – Divergen-zen liegen auch in der Verszählung vor, da U. Schmid V. 15 (Drei-reim) und V. 178 (eine reimlose Zeile) der vorliegenden Ausgabe mit der Handschrift jeweils als zwei Verse zählt.

H. de Boor, Literaturgeschichte (s. o.) S. 284–287 und passim.

Heinz Rupp, Schwank und Schwankdichtung in der deutschen Literatur des Mittelalters. In: DU 14. 1962. Heft 2. S. 29–48 (S. 43). Wiederabdruck: K.-H. Schirmer, Das Märe (s. o.) S. 31–54 (S. 48).

Klaus Hufeland, Die deutsche Schwankdichtung des Spätmittelalters. Beiträge zur Erschließung und Wertung der Bauformen mittelhochdeutscher Verserzählungen. Bern 1966. S. 132. 147–149.

H. Fischer, Studien zur deutschen Märendichtung (s. o.) passim.

Stephen L. Wailes, An analysis of ‚Des wirtes maere‘. In: Monatshefte 60. 1968. S. 335–352 (S. 344f). Neudruck unter dem Titel „Eine Untersuchung von ‚Des Wirtes Märe‘“ in: K.-H. Schirmer, Das Märe (s. o.) S. 203–228 (S. 218f).

K.-H. Schirmer, Stil- und Motivuntersuchungen (s. o.) S. 48 Anm. 155. 102. 126 Anm. 8. 150 Anm. 41. 276. 278 Anm. 120. 280. 305.

Ingeborg Glier, Artes amandi. Untersuchung zu Geschichte, Überlieferung und Typologie der deutschen Minnereden. München 1971. S. 110.

Stephen L. Wailes, Wit in ‚Der Weinschwelg‘. In: GLL 27. 1973/74. S. 1–7.

Eckhard Grunewald, Die Zecher- und Schlemmerliteratur des deutschen Spätmittelalters. Diss. Köln 1976. S. 40–49.

Elfriede Stutz, Maestro Bevitore (der Weinschwelg). In: Dizionario critico della letteratura tedesca. Hrsg. von Sergio Lupi. 2. Bd. Turin 1976. S. 721f.

Wolfgang Adam, Die „wandelunge“. Studien zum Jahreszeitentopos in der mittelhochdeutschen Literatur. Heidelberg 1979. S. 116–118.

Klaus Matzel, Ein Bücherverzeichnis eines bayerischen Ritters aus dem 14. Jahrhundert. In: Medium aevum *deutsch*. Festschrift Kurt Ruh. Tübingen 1979. S. 237–245 (S. 243).

M. Wehrli, Literaturgeschichte (s. o.) S. 535.

XIV

EDELMANN
UND PFERDEHÄNDLER

Ein edel man was rîch und arc;
dar zuo was er sô karc,
daz man in niht sô sêre schalt.
sîn pârât was manicvalt.
5   er kunde kündiclîche leben,
er was vil milde âne geben,
er was vrô und geselliclich,   325va
er kunde wol behüeten sich,
swaz kurzewîle er anegie,
10   daz er sich die niht kosten lie.
Dô sprâchen tougenlîche
sîne mâge: «ir sît vil rîche,
ir sît junc und wol geborn
und hât iu einen sit erkorn,
15   daz iu die liute vîent sint.
neve, ir sît doch âne kint!
ir gewinnet êre unde heil,
daz ir iuch des guotes ein teil
umbe der liute gunst beweget
20   und vrumer gesellen pfleget;
deiswâr, sô spræche man iu baz.
trüge wir iu deheinen haz,
sô wære uns leit iuwer geben.
ist daz wir iuch überleben,
25   sô wirt uns allez iuwer guot.
wir tragen iu vil holden muot;

XIV. *H* 186 (*Bl.* 325rb–327vb)   riche arger mā hat   Einen
Überschrift: Ditz ist wie ein   rostevscher vmb veile ros bat

1

    des ist uns iuwer laster leit.

    uns ist lieber iuwer werdikeit,

    denne uns allez iuwer guot sî.

30 daz man iuch schildet dar bî,

    daz müet uns vil sêre.»

    «ir râtet mir mîn êre»,

    sprach der vil ungemuote,

    «mit lîbe und mit guote

35 wil ich iu volgen, daz ist reht.

    iuwer rât ist guot unde sleht,

    er dunket mich getriuwelich.

    welt ir nu ze êren bringen mich

    (wan ich iu gerne volgen wil),

40 so zeiget mir guoter rosse vil,

    die man verkoufen welle.

    ich wirde iu ein geselle

    und ein herre sô guot,

    daz sich vröuwet iuwer muot.»

45   Des wurden si alle vrœlich

    und hiezen komen vür sich

    einen guoten rostûschære;   325vb

    des kunst was sô gewære,

    swaz an einem rosse war,

50 des wart er allez gewar,

    sô er ez alrêrst anesach.

    ez was ouch wâr, swaz er sprach.

    dem gehiezen si alle ir miete,

    daz er den herren beriete

55 mit rossen unwandelbære.

    daz gelopte der rostûschære.

    dar nâch in kurzen stunden

    hâte er ein guot ros funden,

    daz im vil wol behagte.

60 dem herren er dô sagte:

    «ich weiz ein guot ros veile,

2

    und wirt ez iu ze teile,
    mit dem ir wol sît gewert.
    ez ist wol vierzic marc wert,
65   doch gewinne ichz umbe drîzic wol.
    swaz man an rossen schiuhen sol,
    desn ist niht dar an als umbe ein hâr.
    wan daz man ez schônen muoz ein jâr,
    unz ez die jugent gar verlât,
70   sô ist ez doch âne missetât.»
    dô sprach der arge rîche man:
    «dâ ist ein sô grôz laster an,
    daz ichz benamen niht enwil,
    sît sîner jugent ist sô vil.
75   swenne ez bestüende diu nôt,
    sô læge ez von der jugent tôt
    oder ezn würde sust enwiht.
    ezn zimt dîner künste niht,
    daz du mich heizest gelden
80   ein ros, dâ mit ich schelden
    und grôzen schaden erwürbe.
    swenne im daz ros verdürbe,
    dem ich ein ros geben wil,
    sô vünde man der liute vil,
85   die spræchen, ich hæte in betrogen.
    daz wære ouch wâr und ungelogen.
    brinc mir durch den willen mîn   326ra
    ros, die âne wandel sîn
    (des solt du wol geniezen),
90   und enlâ dich niht bedriezen
    dîner koste noch dîner arbeit!»
       Des was der meister bereit.
    er suohte unz er ein guotez vant.
    dô quam er unde sprach zehant:

68 schone

95 «ich hân nu vunden einez,
ichn gesach noch nie deheinez,
daz tugenthafter wære.
ez ist unwandelbære,
ez ist reht metwahsen.
100 weder ze Franken noch ze Sahsen
darf ein bezzerez niht stân.
ez ist ze wunsche wol getân
und ist ze wunsche wol gestalt.
ez ist ze junc noch ze alt
105 und lât sich gerne rîten
und sich ze beiden sîten
gerne wenden, swie man wil.
ez hât guoter tugende vil.
ez ist snel, küene unde starc.
110 man gît ez umbe vierzic marc.»
dô sprach der arge rîche:
«du lobest ez grœzlîche
und schildest ez michel vaster.
du hâst mir dar an ein laster
115 âne dîn wizzen geseit,
daz alle sîne vrümikeit
verdrucket und ersterbet
und ouch dîn lop verderbet.
waz hilfet, daz du ein meister bist?
120 sît daz ros metwahsen ist,
wie möhte ez danne ein ros gesîn?
sô ist ez kûme ein rösselîn.
swenne ichz gæbe einem man,
dâ wære wir versûmet an,
125 ich der êren und er des vrumen.
wil du mir ze helfe kumen,
sô brinc mir guote ros her.»

326ʳᵇ

123 ich

4

«ich tuon vil gerne», sprach er.
Er suochet unz er einez ervuor.
130 dô quam er wider unde swuor:
«ich weiz nu sô ein guotez
und ein sô wol gemuotez,
daz nieman sol versprechen,
ern welle daz reht brechen.
135 ez hât rosses tugent garwe;
ezn gelde danne der varwe,
sône ist ouch dar an niht mê,
daz iemer manne widerstê.»
«nu sage mir, wie ist ez gevar,
140 sô wirde ich schiere gewar,
ob dîn lop ist hie gewære.»
dô sprach der rostûschære:
«ez ist halbez rôt und halbez blanc.»
der herre sprach: «sô habe undanc,
145 daz du ez vür guot hâst erkorn.
dô würde ein ritter mit verlorn
bî dem ez würde bekant.
den bekende man zehant,
swie verre man in sæhe.
150 swem er vîentschaft jæhe,
dem künde er sich niht entsagen;
des würde er kurzlîche erslagen.
michn kan nieman baz bewarn,
denne sô du hin beginnest varn
155 dâ du guotiu ros vindest.
daz du sô schiere erwindest,
daz ist mir gar ein herzeleit.
dîn koste und dîn arbeit
gilt ich dir grœzlîche
160 und mache dich sô rîche,

148 bekent   154 So d. h. danne b. v.

daz du niht mê rîchtuomes gerst,
daz du mich guoter rosse werst.»
Dô vuor der wîse tumbe
nach guoten rossen umbe
165   und vant wol sehsiu veile.
des jach er ze einem heile,
daz si elliu guot wâren
und in ir besten jâren.
er quam wider unde sprach,
170   dô er den herren anesach:
«ich hân sehsiu guotiu ros ervarn;
mit den trûwe ich wol bewarn
mîn triuwe und mîn meisterschaft.
si hânt der tugende ganze kraft,
175   der man an guoten rossen gert.
si sint vil wol ir geldes wert.»
er sprach: «nu lâ mich verstân,
wie ieslîchez sî getân,
und sage mir ir ieslîches sit;
180   dâ kan ich mich berihten mit.»
er sprach: «daz eine, daz ist val,
daz ander blanc überal;
die zwei sint gar ze wunsche guot
und erfüllent wol des mannes muot.»
185   der herre sprach: «swie guot si sîn,
die zwei enwerdent niemer mîn.
waz solde ir untugent mê?
wan, als ich dir sagte ê,
man bekennet si ze verre;
190   daz ist ein michel werre,
daz mir dar an wirret
und mich des koufes irret.»
dô sprach der meister iesâ:

326va

165 sechse

6

«sô ist daz dritte ros grâ;
195 daz ist in allen wîs bereit,
wan daz ez sîn houbet treit
ein teil hôhe, sô ez loufet.
doch râte ich, daz ir ez koufet.
sô ist daz vierde ros brûn;
200 daz kan graben unde zûn
vil rinclîche überspringen;
desn darf ez nieman twingen.
herre, daz ist nicht ein spel:
ez ist wol zwîr als snel,
205 sô daz allerbeste, daz ich weiz;
ezn lât dannoch keinen sweiz,
sô ez ein mîle wirt gerant.   326vb
mir ist sô snellez niht bekant.
daz fünfte ros daz ist rôt.
210 ichn trûwe unz an mînen tôt
ein bezzerez niender vinden.
den alten und den kinden
den kumt es rehtez beiden,
als ich iu wil bescheiden.
215 ez hât einen alsô weichen munt,
daz man ez ze ieslîcher stunt
wol wendet unde kêret.
ez ist vil wol gelêret.
daz sehste ist swarz alsam ein kol;
220 daz gevellet mir sô wol
und loufet alsô drâte,
daz ir ez mit mînem râte
niemer ungekoufet lât
durch einen tadel, den ez hât:
225 ez ist hertes mundes ein teil.»
«ditz ist ein michel unheil»,
sprach der herre wider in,
«daz ich noch gar versûmet bin

7

        bî aller dîner wîsheit.
230 swelch ros sîn houbet ûftreit,
        daz ist ze ritterschefte enwiht
        unde touc ze stechen niht.
        swenne ez sîn houbet treit enpor,
        sô ist daz houbet dâ vor
235 dâ man des mannes râmen sol;
        dâ mit würde ein ros wol
        und ouch ein ritter verlorn.
        die selben ros hân ich versworn.
        daz sneller ist denne elliu ros:
240 wære dâ stein oder mos
        vor im, swenne ez kumt an,
        daz möhte sich und den man
        wol bringen ze nœten
        oder lîhte beide tœten.
245 daz einen sô weichen munt hât,
        koufte ich daz durch dînen rât,
        sô wæne ich doch mich selben trüge.   327ra
        sô dem ein ritter vaste züge,
        sô viel ez hinder sich dar nider.
250 gehabte ez sich aber wider,
        ez slüge in lîhte in den munt.
        er wære es iemer ungesunt.
        daz dâ sô hertes mundes ist,
        dâ vor behüete mich Krist!
255 ein ritter rite in tôren wîs
        und erwürbe ouch lîhte tôren prîs,
        swenne er rîten solde,
        swâ hin daz ros wolde.»
        Dô sprâchen sîne mâge:
260 «wie beginnet ir des trâge,

241 im] iu   255 reit
252 ez

8

daz ir iuch hât anegenumen!
ir welt es lîhte widerkumen.»
«nein ich», sprach er zehant,
«ich hân nâch rossen gesant.
265 swenne ich die gewunnen hân,
sô muoz ez allez vür sich gân.
daz ist mîn ganzer wille.»
vil dicke sagte in stille
der guote rostûschære
270 die wunderlîche mære,
war umbe er ieslich ros versprach.
daz was in allen ungemach.
si sprâchen alle gemeine:
«sîn herze ist sô unreine,
275 ern koufet niemer keinez.»
«ich wil im geben einez»,
sprach ir einer, «umbe daz,
ob ez im iht gevalle baz
denne jenez, daz er koufen sol.
280 gevellet ez im danne wol,
sô ist elliu sîne kerge
niht anders wan von erge.»
si sprâchen: «er hât wol gedâht.»
dem herren wart daz ros brâht.
285 dô er ez alrêrste anesach
und im der ritter zuosprach:
«daz ros habet iu von mir»,   327rb
der herre sprach: «got lône dir!
daz ros ist nâch dem willen mîn.
290 alsô guot müezen si elliu sîn
benamen, die ich koufen sol.»
dô vernâmen sîne mâge wol,
unz er des lîbes wielte,

262 ez

daz er ouch daz guot behielte,
295 und liezen in bî sînem site.
dâ beleip ouch er vil gerne mite.
    Doch schuof der wandelbære,
daz der arme rostûschære
sîn selbes guot verzerte.
300 swie vaste er sich des werte,
er treip in wol in vier lant.
swaz er dâ guoter rosse vant,
die mahte er sînem herren kunt.
dône hæte er niht ein halbez pfunt
305 umbe ir keinez gegeben.
«ichn weiz nu lenger wes leben»,
sprach der arme rostûschære,
«wie michel zît des wære,
daz ir gebet etewaz!
310 ich hân verzeret allez daz,
daz ich geleisten kunde,
und hân manige übele stunde
in iuwerm dienste erliten.
ich hân gegangen und geriten,
315 daz ich ein dürftige bin.
mir ist der lîp und der sin,
vröude, êre unde guot
zegangen durch den unmuot,
daz ich iu niht wol gedienet hân.
320 iedoch sult ir mich geniezen lân,
daz ich ez mit ganzen triuwen warp,
swie gar mîn arbeit verdarp.»
der herre sprach: «du bist ein gouch,
dar nâch ergât ez dir ouch.
325 du hâst mich versûmet sô,
daz ich des iemer wære vrô,

daz du vil gar verdürbest.　　　　　　
ob du von hunger stürbest,
ich gæbe dir niht ein halbez brôt.
330　lâstu mich niht âne nôt,
deiswâr ich nime dir daz leben.
ich wil dir hiute vride geben.
gesihe ich dich iemer mê,
ich tuo dir wærlîche alsô wê,
335　daz dir mîn zorn wirt bekant.
ginc her, verswere mir daz lant,
als liep sô dir dîn leben sî!»
dâne was niht mê genâden bî,
wan daz er im daz lant verswuor
340　und ouch zehant von dannen vuor.
　　Als der herre was gemuot,
als wirbet noch unde tuot
ein übel ungetriuwe man,
dem nieman liep werden kan.
345　swer dem dient, der ist verlorn.
er hebet im iemer einen zorn,
swenne er dem manne lônen sol.
man diene im übel oder wol,
daz ist ze jungest allez enwiht;
350　ern ahtet ûf den vriunt niht,
des er iht sol engelden;
den vindet er als selden,
swie vil im liute wirt bekant,
als der rostûschære ein ros vant,
355　daz der herre ungescholden lieze.
er hœre, sô ez in bedrieze:
der dem argen milde râte,
er volget sîn als spâte,
sam der herre sînen vriunden tete:
360　si verlurn ir rât und ir bete;
daz was iemer ir riuwe.

swer ûf êre gernde triuwe
von dem herzen und von dem geiste
und von der tugende volleiste
365 niht ist genatûret,
dem bittert unde sûret
beide ir rât und ir lêre, 327vb
die im dâ râtent êre.
ir dienen und ir râten
370 daz ist niht wan ein tâten.
swer diene oder râte,
der merke daz vil drâte,
ob man ez von im geruoche,
ê er sîn ze vil versuoche.
375 swer dienet oder râtet vil,
dô man ez vür guot niht haben wil,
den hât man vür einen gouch.
dar nâch lônet man im ouch.

XV

DER JUNGE RATGEBER

Ein künic hâte einen râtgeben
(nâch des râte wolde er leben);
der was ein vürste genant. 34ra
liute, bürge unde lant
5 des hâte er wol vürsten teil.

XV. *A* 48 (*Bl.* 33*vb* – 35*va*)
H 158 (*Bl.* 281*rb* – 283*ra*)
K 149 (*Bl.* 288*rb* – 290 *ra*)
Überschrift: Ditz ist daz ander
mere Von einem jvngen
Ratgebere *H* Ditz ist von

einem jvngen ratgeben
Ein vil gvt mere ze
geben *K*
4 Bvrge levte (*mit Vertau-
schungszeichen H*) *HK*
5 Dez *A*; er *f. A*

ez nam der künic vür ein heil,
daz er sîn genôz sô sêre:
er hâte sîn vrum und êre.
er truoc sô gar der sælden last,
10   daz im niht anders gebrast
an sînem lîbe wan der jugent.
er hâte alle die tugent,
die lop dem edelen manne bernt
und in vil volliclîche wernt.
15   des was im der künic holt.
hæte er aller künige golt,
daz hæte er gar an in verlân.
er hæte ouch niht dâ mit getân
wan daz vrum und êre wære.
20   er quam unwandelbære
mit grôzen êren an den tac,
daz er an sînem ende lac.
    Dô zeigte er sîner witze schîn.
er sande nâch dem herren sîn.
25   zuo dem sprach er zehant:
«herre, ich hân nâch iu gesant:
ich mac niht langer leben,
ich sol und wil iu ûfgeben
mîn lêhen und ouch iuwer guot.
30   daz hân ich her vil wol behuot.
ob ir der wârheit jehet,
sîn ist mêre, denne ir iuch versehet,
beide des ir habet und ouch ich.
nu dunket mich daz vil billich,

6 fvrste *HK*
12 tugent *wohl aus* tugende
    korr. *A*
13 edelem *HK*
15 in *A*
16 künige *über expungiertem*
    tvgende *K*

18 Ern *HK*; dâ] dar *HK*
21 an *f. A*
23 Da zeiget *A*
27 Ichn *HK*; lenger *HK*;
    leben] genesen *A*
29 ouch *f. A*
32 Ez *HK*

35 daz ir iuz bevolhen lâzet sîn.
ich hân daz iuwer und daz mîn
von iuwern genâden gewunnen;
des sol ich iu wol gunnen,
swaz ir hernâch dâ mit tuot.
40 mînen sun und allez mîn guot,
bürge, liute unde lant,
des underwindet iuch zehant.
allez, daz mir nu geschiht,
daz müet mich sô harte niht,
45 sô daz ich von iu scheiden sol.
mîn herze wart nie vröuden vol,
wan sô ich iuch hôrte unde sach.
swaz mir liebez ie geschach,
daz ist mir gar von iu geschehen.   34rb
50 daz ich iuch niht mêre sol sehen,
daz ist mir der ander tôt.
dar nâch ist mîn grœzestiu nôt,
daz ich vil ungewis hân,
wie ez mînem sun sul ergân;
55 der genieze iuwer unde mîn,
er muoz vil gar verlorn sîn.
daz ist mîn jungester rât,
daz ir mîn ampt nieman lât
wan einem man, der wîsheit habe.»
60 er sprach: «des râtes tuo dich abe.
du hâst sô wol gedienet mir,
und weiz die triuwe dâ ze dir,

35 irz evh *HK*; bevolhet *A*
38 chvnnen *A*
39 dâ] dar *H*; mite *K*
44 en mv̊t *HK*; harte] sere *HK*
48 liebez] leidet *A*, liebes *K*
49 von *f. A*

50 sold *A*; D. i. evh nimmer
   sol gesehen *HK*
52 grôste *HK*
54 minen *A*
55 Dern *HK*
60 tvt evh *HK*

14

daz ichs dînen kinden lônen wil.
dîner tugende ist sô vil:
65 des muoz dîn sun gerîchet sîn;
der sol mich ergetzen dîn.
an im wirt erniuwet dîn tugent.»
«neine herre, er hât ze grôze jugent»,
sprach der getriuwe râtman,
70 «swenne er dâ mit niht enkan,
sô gemachet er mit schulden,
daz er kumt von iuwern hulden.
dâ mit wære er verlorn.
daz ist nu bezzer verborn.»
75 «nu swîget», sprach der künic dô,
«weiz got, ich bin sîn vil vrô.»
dâ mit schiet er von dan,
und starp der getriuwe man.
  Dô wart der selbe werde
80 bestattet zuo der erde
von sînem sun alsô wol,
daz man im manigen munt vol
vil guoter worte dar umbe sprach.
swer die grôzen êre sach,
85 die er got und sînem vater bôt,
der lopte in unz an sînen tôt.
der künic vernam daz mære;
ob er selbe tôt wære,

63.64 *umgestellt HK*
63 D. ich sin dinem kinde l.
 w. *HK*
64 Dîner t.] D. edelen tvgent
 HK
65 dîn] den *A*
66 ergetzen] ergezent *A*, noch
 e. *HK*
67.68 *umgestellt HK, aber mit*

Vertauschungszeichen
korrigiert H
72 er f. *A*
73 wirt *HK*
74 verkorn *K*
77 schit *A*
78 Do er starp d. *HK*
82 magen *A*
85 sinen *A*

im wære der êren genuoc.

90 dô man des suns sô wol gewuoc,
des wart der künic vröuden vol.
er sprach: «ich weste vil wol,
daz er sînes vater güete hât.
mîn geschefte und mîn rât

95 diu müezen beidiu an im stân.»
daz liez er kurzlîche ergân.
ein bote wart nâch im gesant:
der künic lêch im zehant
daz lêhen, des sîn vater wielt.

100 Dô er daz unlange behielt,
dô wart ein hunger dâ sô grôz,
daz des hungers genôz
nie mêre in dem lande wart.
dô hâte sîn vater vür gespart

105 dem künige sô vil kornes,
daz er ander künige zornes
und hungers wære genesen,
swie grôz si beide mohten wesen.
die besten von dem lande

110 klagten schaden unde schande
dem jungen niuwen râtgeben:
sine wessen, wes si solden leben;
si müesen dem lande entrinnen,
sine möhten dâ niht gewinnen,

115 daz si daz bœse jâr vertriben.
dô sprach er, daz si stæte beliben,
er wolde in geben unde lîhen;
des wolde ers niht verzîhen,

34va

90 Daz *HK*
93 güete] tvgende *HK*; hât *f. A*
96 ergân] an im e. *HK*
99 des *als Korrektur oberhalb*
daz *K*

100 hehielt *A*
102 dâ] do *K*
108 Swi *A*
112 S. w. wem s. s. geben *A*
118 D. enwolt er in n. v. *HK*

unz daz bœse jâr vürquæme
120 ode daz korn ende næme,
daz der künic geleisten kunde.
si genâdeten sînem munde
und sît den henden als wol.
er zegap sô manigen kasten vol,
125 unz si daz korn verzerten,
daz sich alle die nerten,
die dem lande êre bâren
und dem künige vrum wâren.
si wânden komen ein ander jâr
130 dazn würde an hunger niht sô swâr.
    Dô wart ir vürgedanc verlorn:
dô daz jâr und des küniges korn
ein ende hâte genomen,
dô begunde ein ander jâr komen,
135 daz wart drîstunt als bœse.
«nu ist nieman, der uns lœse
von des grimmigen tôdes valle»,
sô sprâchen die besten alle.
dô sprach der junge râtman:
140 «ich wil iuch lœsen, ob ich kan.»
er entslôz des küniges kamertür   34ᵛᵇ
und nam sînen schatz hervür.
er begunde in manigen enden
in diu lant nâch korn senden
145 und gap in aber unz an die vart,
daz des schatzes ende wart,

119 Vñ *HK*
123 also *HK*
125 Vñ *HK*
126 gemerten *HK*
127 eren *A*
129 komen] in qveme *HK*
131 Da *A*
132 kvnige *A*; korn] zorn *HK*

135 driestvnt *A*; also *HK*
137 grimmen *HK*
138 Do *HK*
139 junge] newe *HK*
141 Erntsloz *AHK*
142 sînen] des kvniges *HK*
146 Vntz *HK*

17

daz ouch daz jâr ein ende nam
und ein sô sælic jâr quam,
daz si begunden alle jehen,
150 si hæten nie bezzer jâr gesehen.
    Nu hœret ein ander mære,
wes die bœsen nîdære
in ir untriuwe jâhen,
dô si in den schatz sâhen
155 alsô zeteilen und zegeben.
si sprâchen: «nu muge wir geleben,
daz den künic muoz geriuwen,
daz er uns vil getriuwen
des lêhens alle verzêch
160 und ez einem tumben tôren lêch,
der im verlorn hât sîn korn.
nu wirt sîn schatz ouch verlorn.
daz sol er billîche arnen.
welle wir den künic warnen?»
165 «nein wir», sprâchen die bœsten,
«wir suln uns wol getrœsten,
swaz er dem künige schaden tuot.
er zürnet umbe daz grôze guot
noch mêre denne umbe daz kleine.
170 wir suln die werlt gemeine
den schatz lâzen zetragen
und suln ez dem künige danne sagen.
wil im danne iemer werden zorn,
sô richet er schatz unde korn.»
175 Dô des jâres ende was
und ouch daz liut wol genas,

156 gelegen *A*   172 dem k. d.] denne d. k. *HK*
159 lebens *HK*   173 danne i.] immer d. *HK*
165 hosten *A*   175 ende] ein e. *HK*
167 Was *HK*   176 wol] vil w. *HK*

des was ir helfære vrô.
die grimmen wâren ouch alsô,
die im schaden wolden füegen
180 die begunden in alle rüegen.
zuo dem künige si giengen.
nu hœret, wie siz aneviengen.
si sprâchen: «herre, uns ist leit
iuwer schade mit rehter wârheit.
185 doch müet uns michel vaster
diu schande und daz laster,
daz iu dâ von mac geschehen.   35ra
ir hât den man unheils gesehen,
der iuch âne hât getân
190 der êren, die ir soldet hân.
er hât verworht wol sîn leben.
er hât mitalle hingegeben
beide iuwer korn und iuwern schatz.
gewinnet ir nu widersatz,
195 irn habet solt noch spîse.»
er sprach: «ir sît unwîse,
daz irs sô lange hât verdaget;
ir hât ez ze spâte gesaget.»
si sprâchen: «dâne getorste wir.»
200 «nu heizet in komen her ze mir,
ich wil vernemen sîniu wort
umbe mîn korn und umbe den hort.»
    Dô der junge schaffære vürgie,
der künic in niht sô wol enpfie,
205 als er dâ vor was gewon.
dô sprach er: «herre, wâ von

178 warn *A*
181.182 *f. HK*
181 giengen] gien *A*
185.186 *umgestellt, aber mit Ver-*
tauschungszeichen korr. K

185 michels *K*
197 irs] ir iz *HK*; hab *A*
198 ez *f. A*; gesaget] nv g. *HK*
202 den] minen *HK*

19

gebâret ir nu sô wider mich?»
er sprach: «dâ zîhet man dich,
du habest mîn hulde verlorn.
210 wâ ist mîn schatz und mîn korn?»
er sprach: «herre, nu sagte doch
mîn vater, des gedenke ich noch,
daz ich der wîsheit niht enwielt,
daz ich sô grôz guot behielt.
215 dâ hân ich ie sît ane gedâht
und hânz den liuten zuobrâht,
die sô grôzer wîsheit waltent,
daz siz iu vil wol behaltent.
herre, ich wil iu sagen wie:
220 dô daz bœse jâr anevie,
dô quâmen die liute in solhe nôt,
daz si vor hunger lâgen tôt.
die aber lebendic wâren beliben,
die hæte iu der hunger hie vertriben.
225 herre, dô bedâht ich daz,
ez wære maniges dinges baz,
daz ir schaden an dem guote kürt,
denne daz ir die liute gar verlürt,
und gap in allez iuwer korn.
230 daz hâte ich allez dô verlorn.
dô daz jâr ein ende nam,
und uns ein bœser jâr quam,
dô wæren si aber niht genesen
wære iuwer schatz niht gewesen.

35rb

210 und] wa ist *HK*   222 lâgen] weren *HK*
211 nu] evh *HK*   223 lebende weren *HK*
212 gedenke i.] gedenket *HK* 224 iu *f. HK*; hurger *A*
213.214 enwielte: behielte *A* 228 daz *f. HK*; verlŷr *H*
215 hân] hat *A*   230 hâte] hete *A*, het *HK*;
216 hânz] habes *HK*   dô *f. HK*
217.218 wielten: behielten *A* 231 ende n.] endema *A*
218 vil wol *f. HK*   233 Done *HK*

20

235   den hân ich in allen gegeben.
       daz behielt in êre unde leben.
       daz lant mac iu gedienen wol,
       ez ist guotes unde liute vol.
       wæren si vertriben unde tôt,
240   den ich dâ half ûz der nôt,
       sô wære daz lant gar verhert.
       swaz ich iu liute hân ernert,
       die vrument iu michel mêre
       und habet ir grœzer êre,
245   denne ob daz guot dâ wære
       und daz lant der liute lære.
       daz lant ist âne liute enwiht.
       irn möhtet überwinden niht
       die schande und den grôzen schaden,
250   dâ mit ir wæret geladen,
       ob si vor hunger wæren verlorn,
       sô müeset ir schatz unde korn
       umbe ander liute nu geben.
       die hazzeten iemer iuwer leben,
255   daz ir behieldet iuwern hort
       und wandet niht sô grôzen mort.
       daz spriche ich niht dar umbe:
       herre, ich bin ein tumbe.
       swâ ich mich versûmet hân,
260   des lât mîn guot ze buoze stân.
       ich hân sô vil von iuwer hant,
       bürge, liute unde lant,

237 gedienen] nv g. *HK*
240 vf *A*
241 daz] ditz *HK*
242 generet *HK*
243 vrument] frevnt *A*; michels *HK*
246 lære] enpere *HK*
248 Ern *A*, Ir *HK*

250 wurdet *HK*
251 Weren si vor h. v. *HK*
252 korn] chronn *A*
254 haz senten *A*
255 behielt *AHK*
257 Doch en sprich i. *HK*
259 versevmet *H*
261 iwerre *A*

daz ich iu noch vergilde wol,
ist daz ichz allez gelden sol.
265 daz nemt und lât mich leben.
ich hân daz guot alsô vergeben,
daz ich wânde, ich tæte daz beste.»
dô sprach der künic: «ich weste
wol, dô ich dich êrste sach,
270 daz mir vil wol mit dir geschach,
sît mir got in dîner jugent
bezeiget hât sô grôze tugent.
du wirst noch wîser, solt du leben.
du solt behalden unde geben
275 mîn guot als ein gewaltic man.
swer wol ze rehte geben kan,
der kan ouch wol ze rehte sparn.
du kanst si beidiu wol bewarn
mîn êre und mîn hulde.   35ᵛᵃ
280 die dîn nu âne dîn schulde
so vîentlîche hânt gedâht,
wirt mir daz ze wizzen brâht,
swaz in von herzen liep ist,
daz wil ich hazzen durch den list,
285 daz si wol bevinden dâ bî,
wie wê sînem herzen sî,
dem man sîn liep leidet,
wie ez in von vröuden scheidet.»
Sus wurden si geunêret,
290 die im wolden hân verkêret
sîn triuwe und sîn vrümikeit,
die wurden unmære unde leit.

265 nempt *A*
266 vergeben] ze geben *HK*
269 Vil w. *HK*
271.272 ivget: tvget *A*
272 Er zeiget *HK*

280 dîn f. *K*
282 Wir mir d. w. b. *A*
283 Waz *HK*
287 liep] lop *A*
290 haben *A*

    Tæten noch die herren daz,
    ir lop erhülle deste baz.
295 swelch herre solche untugent hât,
    daz er durch der lôsære rât
    die biderben verliuset
    und guot durch valsch verkiuset,
    der enist got noch rehten liuten guot.
300 er hât ouch niht des küniges muot,
    der beide lôsen unde liegen
    niht hâte wan vür triegen;
    der truoc den biderben vriundes muot
    und nam ie vrümikeit vür guot.
305 den bœsen was er træge,
    unwillic und unwæge.
    swelch herre noch daz tæte,
    des lop wære iemer stæte.

293 noch] nv *A*   299 ist *HK*
294 er schvlle *HK*   300 Ern *HK*; des *f. A*
295 Swelich *A*; vntvgende *A*   302 ver triegen *HK*
296 der] die (*gebessert in* dˢ) *A*   303 Er *HK*; bidereben *A*
297 D. vil. b. *HK*   304 ie] ir *HK*
298 guot *f. A*   307 Swelich *A*; daz] so *HK*

XVI

DER ARME UND
DER REICHE KÖNIG

Zwêne künige wâren ze einer zît,
die grôzen haz unde nît
ein ander truogen beide.   33ra
dem rîchen dem was leide,
5 daz der arme iht behielt.
wan daz er grôzer sinne wielt
und micheler vrümikeit,
er hæte in dicke hingeleit.
dô was er biderbe unde wîs;
10 dâ von bejagete er solhen prîs,
daz in der rîche niht vertreip
und wol bî sînen êren beleip,
unz der rîche künic starp.
Dô sîn sun die krône erwarp,
15 dô wolde er ouch den armen an.
daz widerrieten sîne man
und swuoren im vil sêre,
daz sîn vater nie dehein êre
an im kunde bejagen.
20 «ir enkunnet nieman gesagen»,
sprâchen sîne râtgeben,
«war umbe ir welt mit leide leben.

XVI. A 47 (Bl. 32vb–33vb)
    H 156 (Bl. 278vb–280ra)
    K 147 (Bl. 285vb–287ra)
Überschrift: Ditz ist ein hvbsche
    ler   Von zwein kvnigen
    her H   Ditz ist von zwein
    kvnigen her   Ein vil
    seltzsene ler K
  4 rîchen] einen A, richern HK;
    dem² f. HK

5 armer HK
5.6 behielte: wielt A
7.8 f. HK
11 richer HK
15 er ouch] o. er HK; an] han
    HK
20 Im chvnde n. A
22 ir welt] w. ir K

24

er hât iu leides niht getân;
des sult ir in geniezen lân.»
25 der künic vil zorniclîche sprach:
«mir ist ein solch ungemach
geschehen von sînen schulden,
ern kome sîn ze mînen hulden,
ich riche ez an im iemer.
30 der râche erwinde ich niemer,
unz ich im sîn êre benime.
mir ist getroumet von ime
unsanfte und alsô swære,
daz er mir offenbære
35 nâch mînen êren büezen muoz,
ode im wirt des niemer buoz,
ern müeze haben allen tac
den strît, den ich geleisten mac.»
daz begunde den wîsen allen
40 vil sêre missevallen,
daz er sô grôze ungedult
begie umbe ein sô kleine schult.
er nam ir râtes niht war
und sande sînen boten dar.
45   Der quam dâ er den künic vant.
ein wazzer schiet ir zweier lant,
sô grôz, daz ez grôziu schif truoc.
dô der bote dort gewuoc,
waz dar bî im enboten was   33rb
50 und man den brief dar zuo gelas
und der brief des selben jach,

23 Ern *HK*	42 Begiench u. also k. s. *HK*
26 solch] so groz *HK*	45 Er *HK*; künic *f. A*
28 sîn] ez *K*	47 ez *f. A*
30 ich] ich ich *H*	48 dor *A*
31 genim *HK*	49 bî] mit *HK*
34 mirs *HK*	51 Und] Vñ ovch *HK*
41 sô *f. A*	

der künic zuo dem boten sprach:
«nu sage dem herren dîn daz,
treit er mir deheinen haz,
55 daz wil ich gerne stillen.
er hât mit mînem willen
dehein sîn laster nie gesehen.
ist ez unwizzende geschehen,
daz büeze ich vlîziclîche.
60 ich bin vil wol sô rîche
beide ritter unde guotes
und lîbes unde muotes,
daz ich im buoze niht versage.
von hiute über vierzic tage
65 heiz in her an ditz wazzer komen.
swenne sîn klage wirt vernomen,
si sî krump ode sleht,
ich wil im büezen über reht.»
der bote dâ mit urloup nam.
70 dô er ze sînem herren quam
und er vernam disen tac:
«swaz ritter ich nu gehaben mac,
die müezen», sprach er, «alle dar.
wirde ich danne dâ gewar,
75 daz er mir iender widerstât,
ich nime im allez, daz er hât.»
    Dô si des tages beide erbiten,
zuo dem wazzer si dô riten,
daz ir zweier künicrîche schiet.
80 der ärmer künic dô geriet,
daz ietweder zwelf ritter nam

53 dem h. d.] dinem herren *HK*	75 iēden *A*
56 Ern *HK*	77 erbeiten *K*
58 vngewizzent *HK*	78 dô] dv *A, f. H*, sich *K*;
59 williclîche *HK*	bereiten *K*
72 Swaz ich nv r. haben m. *HK*	81 ietwederre *AK*; zwelef *H*

und gevarnde in einem schiffe quam
ûf einen wert wolgetân;
den sach man in dem wazzer stân.
85   dar begunden si beide gâhen.
dô si an ein ander sâhen,
der ärmer sprach: «lât mich verstân,
durch got, waz hân ich iu getân?»
dâ wider sprach der rîche:
90   «iu ist bescheidenlîche
mîn brief und ouch mîn bote komen;
die hât ir beide wol vernomen.
geloubet ir den niht beiden,
sô wil ichz iu bescheiden
95   und wil der wârheite jehen.   33va
mir ist ein leit von iu geschehen,
des ich billîche enbære:
mir ist ein troum sô swære
von iu getroumet benamen,
100   daz ich michs wolde iemer schamen,
irn büezet mir den ungemach,
der mir des nahtes geschach.»
dô hâte der ärmer daz bedâht,
daz er vil ritter hâte brâht,
105   die besten über allez sîn lant,
und diu besten ros, diu man vant.
diu ros hâtens überschriten
und wâren ûf daz stat geriten;
der stuont daz velt allez vol.

---

82 gevarn *HK*
83 werde *H*, werd *K*
86 Do sie e. a. an s. *HK*
91 M. bote u. o. m. brief k. *HK*
93 dem *A*
100 michs w. i.] mich ez
   (michs *K*) i. w. *HK*

101 den] daz *HK*
102 Daz *HK*
103 der ä.] er *HK*
106 besten] schônsten *HK*;
   man *f. A*
108 den stade *HK*

110 dâ sach man in dem wazzer wol
    der ritter schat begarwe
    und ouch der rosse varwe.
    des nam der ärmer künic war
    und zeigte im mit der hant dar
115 in daz wazzer an den schat.
    er sprach: «ich hân des guote stat,
    daz iu hie reht von mir geschiht.
    mich ensûmet ouch der wille niht.
    sît ir sô grôzes leides jehet,
120 swaz ir der ritter iender sehet
    in dem wazzer über al,
    hin ûf unde her zetal
    (die sint mir alle undertân,
    daz sint die besten, die ich hân),
125 die vüeret gevangen von hinnen
    und lât si danne gewinnen
    iuwer hulde, sô si næhest megen.
    dâ mit wil ich hinlegen
    daz leit, daz iu von mir geschach.»
130 der rîcher künic dô sprach:
    «wer möhte die berüeren
    oder iender gevüeren
    sît si alle niuwan schate sint?
    ich wæne, ir habet mich vür kint,
135 daz ir mîn spotet alsô.»
    der arme künic sprach dô:
    «nu hât ir mir doch verjehen,

---

110 Do *HK*
111 garwe *HK*
112 ouch] aller *HK*
115 die schaten *HK*
116 staten *HK*
120 der] da *HK*
122 unde h.] oder hin *HK*

126 siv *A*
127 mv̊gē *HK*
130 riche *HK*
132 iender] hin *HK*
133 Sint iz allez n. schaten s. *HK*
134 vür] vur ein *HK*
136 ærmer *HK*

daz ez in troume sî geschehen,
daz leit, daz ir von mir kleit.
140 sît ir mir selbe hât geseit,
daz iuch ein schate hât gemuot,   33vb
ob daz ein schate widertuot,
diu buoze ist eben unde sleht;
die sult ir nemen, daz ist reht.
145 geschiht iu von mir iemer mê
in deheinem troume alsô wê,
sô komet aber her ze mir;
die selben buoze vindet ir
ze allen zîten hie bereit.
150 welt ir grôze rîcheit
mit iuwern troumen bejagen,
sô sult irs alden wîben sagen.
die sagent iu wærlîche,
daz ir sælic unde rîche
155 werdet unde dar zuo alt.
der vrume ist danne drîvalt.»
sus wart sîn spoten sô grôz,
daz sîn den rîchen verdrôz.
der vuor zorniclîche dannen
160 und sagete sînen mannen
vil rehte, daz diu rede was.
daz er von spote dô genas,
dâ muose ein wunder ane geschehen.
si begunden alle samt jehen,

---

138 sî] sie *H*
139 claget *HK*
140 selber *K*; gesaget *HK*
145 von mir *f. A*; Geschehe evch
    immer von mir me *HK*
146 alsô] so *HK*; wê *f. A*
148 vindē wir *A*

149 Allezit *A*
151 trewen *HK*
152 irs] ir si *HK*
158 D. ez d. r. bedroz *HK*
161 daz] was *HK*
163 mvz *AHK*
164 begunden] mvzen *A*

165 der iemer gedenken solde,
wie man im büezen wolde,
der kunde niht bezzers vinden.
dô muose der künic erwinden.
daz wazzer was sô werhaft,
170 hæte er dannoch grœzer kraft,
ez hæte der ander wol erwert.
    Swer âne wîsheit ûzvert,
tuot der die widerkêre
âne vrume und âne êre,
175 dâ ist niht wunders bî gewesen.
swer sînes willen wil genesen
und âne guote witze lebet,
swâ der nâch vremden êren strebet,
die herte sint ze werben,
180 des gewerft sol wol verderben.
man verliuset der unwægen spil
von den schulden harte vil,
daz si alle tumbe sinne hânt,
die daz unwægeste anegânt.

165 denken *HK*
167 bezz^g *A*
167.168 *wiederholt H*
169 was] wer *HK*
170 groze *HK*

172 ûzvert] nv vert *A*
173 der] er *HK*
175 Donen *HK*
180 Der *A*

XVII

DER RICHTER
UND DER TEUFEL

In einer stat saz ein man,
des sünde enmac ich noch enkan
noch ensol niht alle künden.
er hâte an allen sünden
5 sô rehte volliclîchen teil,
daz ez die liute dûhte ein heil,
daz in diu erde niht verslant.
zwei dinc mahten in bekant:
sô sündic und sô rîche
10 was dehein sîn gelîche.
er was dâ rihtære;
sîn leben was wîten mære.
Er begunde eines markettages jehen,
er wolde rîten unde sehen
15 sînen liepsten wîngarten.
des begunde der tîvel warten
des selben morgens vil vruo.

XVII. A 135 (Bl. 97va − 98vb)
     H 195 (Bl. 336ra − 337va)
     M 30 (S. 163 − 172)
     W 28 (Bl. 137vb − 139rb)
     L 132 (Bl. 137ra − 138va)
     N 32 (Bl. 31vb − 33va)
     [C 28; Q 7; V 30; f 2; s¹ 2;
     s² 2]
Überschriften: Ditz ist von dem
     Richter hie   Mit dem der
     tevfel gie H   Der tiufel nam
     eins richts war   Vnd furtē
     mit im bi dem har M

1 An N; saz] was HLN
2 mag HMWL, kan N
3 sol MWN; niht a.] ich n.
  aller H
6 Da A; tuncket h. L
8 machent MW, machtent L
9 sündic] tswdet N;
  und] noch L
11 Der N
12 was] w. da M; wite W
13 Der N
14 gesehen H
15 besten H, schönen LN
17 vil f. HWLN

er quam im an dem wege zuo,
dô er von dem wîngarten reit.
20   der tîvel truoc vil rîchiu kleit;
diu wâren harte wol gesniten.
dô quam der rihtære geriten.
wan er in vür einen man sach,
des gruozte er in unde sprach,
25   wanne er wære unde wer:
«daz ist ein dinc, des ich ger,
daz ir mir daz rehte saget.»
«ez ist iuch als guot verdaget»,
sprach der tîvel zehant.
30   «ez muoz mir werden bekant»,
sprach der rihtære mit zorne,
«oder ir sît der verlorne.
ich hân gewaltes hie sô vil,
swaz ich iu leides tuon wil,
35   daz mac mir nieman erwern.»
er begunde zornlîche swern:
sagete er im niht daz mære,
von wanne und wer er wære,

97vb

18 Er qu.] Der qu. *H*, Kam er
LN; im *f. H*; wege] morgen *N*
19 gartn̄ *L*
20 vil *f. L*
21 Vn̄ *W*; harte w.] waidenlich
L, vil w. *N*
22 Der r. kam g. *L*; Grüzen
wart da niht vˢmiten *N*
23 in *f. H*; ersach *MWN*
24 Des g. er] Er g. *N*
Statt 23. 24: Von sinem
wingartn̄ Er grust jn vn̄
sprach harten *L*
25 Wannen *H*, Von wannan
(wannen *L*, wanneᵉ *N*) *WLN*;
wer] wer er wˢ *H*; Von

wanne sit ir vnd wer *M*
27 daz²] vil *N*
28 als g.] besser *LN*, alse g. *W*
30 Er *N*
32 der *f. L*
33 Ich h. hie g. wol so vil *N*
34 Was *L*; iu *f. W*; leides
f. MWN
35 enmag *W*; gewern *N*
36 zornikliche *HN*
37 Vn̄ s. *H*; Sagete er im]
Sagstu mir *M*, Saget ir mir *W*
38 Von w.] Wannen *H*;
wannan *W*, wannē *L*; und]
du sist odˢ *M*

32

er næme im lîp unde guot.
40 «ê ir mir sô grôzen schaden tuot,
ich sage iu ê vil rehte
mînen namen und mîn geslehte»,
sprach der vervluochte zehant,
«ich bin der tîvel genant.»
45 dô sprach der rihtære,
waz sînes gewerbes wære.
«daz wil ich dich wizzen lân:
ich sol in die stat gân.
ez ist hiute diu zît,
50 swaz man mir ernstlîche gît,
daz ich daz allez nemen sol.»
der rihtære sprach: «nu tuo sô wol
und gunne mir, daz ich sehe,
swaz dir ze nemen geschehe,
55 die wîle und dirre market wer.»
«des entuon ich niht», sprach er.
der rihtære sprach: «sô gebiute ich dir,

---

39 nam *W*, benäm *L*; Ich neme
dir e l. u. g. *M*
40 E dañ i. *N*; sô g.] den *L*
41 ê f. *M*; So sag ich uch
v. r. *L*
42 mînen] min *WL*; mîn *f. L*
Statt 41. 42: Ich sag ew vil
reht wer ich pin
Mein gesleht vnd meinen
sin *N*
43 teufel *N*
44 bins *L*
45 Dô s.] In fraget *L*, Do
freget in *N*
46 wære] do (da *W*) w. *MW*;
W. sin gewerftez w. *H*, Wa
sin gewerb w. *L*, Waz sein

gewerp da w. *N* *Nach* 46:
Dez antwurt jm der tüfel
czehant Ez sol dir werdñ
wol erkant *L*
47 Vñ wil dich ez w. l. *L*
48 dise *H*
49 Ez ist] Das ist es *L*
50 Was *L*
51 allez] hevte *H*
53 ich] i. ez *M*, i. daz *L*
54 Das *L*, Waz *N*; dir] d. heute
M; nemende *W*, nement *L*;
beschäch *L*
55 und] ich vñ *A*, vntz *HL*,
och *W*; diser *H*, der *LN*
56 tun *MLN*
57 Vnd gebut och dir *L*

33

daz du niht enkomest von mir
und mich hiute sehen lâst
60 allez, daz du hie begâst.
daz gebiute ich dir bî gote
und bî dem selben gebote,
dâ mit ir alle wurdet gevalt,
und gebiute dirz bî gotes gewalt
65 und bî gotes zorn dâ bî,
und swie vil der gebote sî,
diu iemer müezen vür sich gân,
den ir niht muget widerstân,
weder du noch die genôze dîn.
70 dâ bî müeze ez dir geboten sîn.
ich gebiute dirz bî gotes gerihte,
daz du nemest ze mîner gesihte,
swaz man dir hiute gebe.»
«ouwê, daz ich iender lebe!»
75 sprach der tîvel zehant,
«du hâst mich in sô starkiu bant
beidiu gevangen und gebunden,   98ra
daz ich ze manigen stunden
sô grôze nôt nie gewan.
80 swaz ich dar nâch gedenken kan,

58 komest *HMWLN*
59 Und] E du *L*; hiute] h. hie
LN
61 Da *W*
62 selben] lebenden *W*
63 alle *f. HLN*; wurden *W*,
wurdent *N*; werdent bestalt *L*
64 Ich *HMWLN*; dirz] ez dir *H*,
dir *L*
66 Und *f. MW*; wie *L*
68 D. du nit macht w. *LN*
69 Weder *f. W*; genozen
HWLN; Vnd dar zu die
genossen d. *L*

70 mvz *HWN*; ez *f. LN*
71 Vnd *L*; dir *HL*
72 nemest *f. LN*; angesicht *LN*
73 Swaz] S. so *M*, Nemest was
(swaz *N*) *LN*; hiute]
h. hie *H, f. N*
76 in sô s.] an ain starck
(starkes *N*) *LN*
77 Beidiu *f. HLN*
79 Sô g.] Grösser *LN*
80 Das *L*; dar] der *H*; So verr
ich g. k. *N*

sô enweiz ich niender den list,
wâ vür ez dir guot ist.
sît ez dir âne vrume sî,
sô lâ mich dirre dinge vrî.»
85 der rihtære sprach: «des entuon ich niht.
swaz mir dar umbe geschiht,
daz muoz mir allez geschehen.
ich wil dîn nemen hiute sehen.»
der tîvel sprach: «ez muoz ergân.
90 daz du michs niht wil erlân,
daz ist mir swære unde leit;
bekandestu die wîsheit,
du liezest dîn twingen mich sîn.
beidiu dîn genôze und die mîn
95 die tragent ein ander grôzen haz
und enwerdent dar an niemer laz.
des soldestu mich lâzen varn,
woldestu dîn reht bewarn.»
dô sprach der rihtære:
100 «ezn sî dir nie sô swære,

---

81 waiz *MWLN*
82 Das fur dich g. i. *L*,
   Da für ez dir not oder g.
   i. *N*
83 frvmen *HMLN*
84 laz *ML*, lan *N*
85 Der Ritter *H*; daz *L*; tun
   MLN
86 Was *L*; beschicht *L*
87 mir *f. L*; beschächn̄ *L*
88 wil] muz *MW*; I. w. ez gˢne
   s. *L*
90 wilt *HMWN*; Sit du mich
   sin (ez *W*) n. wilt e. *MW*,
   Du wilt mich sein n. e. *N*
   Statt 89. 90: Syd mich syn

deñ nit wilt erlan   So müß
es hüt also ergan *L*
91 D. dir wirt ser v̄n lait *L*
92 Er kentest dv *H*, Bedarfestu
   L; die *f. L*; warheit *MW*
93 liezes *N*; dîn t. m.] m. din
   t. *W*
94 Beidiu *f. N*; gnozsen *WL*;
   Min g. u. d. din *H*, Dar
   v̄m die genossen min *L*
95 Die *f. L*; an ein andˢ *MN*;
   grôzen *f. N*
96 werdent *HMWLN*
97 soltv *A*, soltest *L*
99 So *H*
100 Ez ist d. *MWLN*; nie sô]
    nicht *MW*

daz ich mit dir gân wil.
ez werde wênic ode vil,
swaz dir hiute wirt gegeben
mit willen, âne widerstreben,
105 daz wil ich dich sehen nemen,
ob ez mir solde missezemen.
ich erlâze dichs benamen niht.
sprichestu aber dâ wider iht,
daz wære alsô guot verborn.»
110 «nu lâ belîben dînen zorn»,
sprach der vervluochte geist,
«dâ du vil lützel umbe weist,
des vindest du noch hiute ein teil.»
dô wart er vrô unde geil,
115 daz er dâ wunder solde sehen;
dâ was im leide an geschehen.
In die stat giengens iesâ.
dô was des tages market dâ

101 Wann daz i. *N*
102 Sin *WLN*; werde] si *HN*
103 Was *L*; hiute] hie h. *H*, h.
hie *L*; geben *ML*
105 Dez w. i. war n. *M*
Statt 104–106: Solt ez mir
gan an daz lebñ   Das wil
ich sechñ an (D. w. i. dich
sehen nemen *N*)   Vnd solt
es mir miß gan (misse zemen
N) *LN*
107 Ichn *H*; dichs] ez dich *H*,
dich sin *MN*; Ich laß dich
mit namē n. *L*
108 Sprichest *A*, Vnd s. *LN*; aber
f. *HLN*
109 als *HMLN*
110 La nv b. *M*; belîben] dü
varn *L*, vorn *N*

111 Do s. *LN*; vervluochte] vil
böß *L*, pöze *N*; geisteit *W*
113 Daz *L*; bindestv *AM*,
enphindest du *W*, bevinst *L*,
bevindestü *N*; noch f. *N*;
seil *AM*
114 wart] waz *M*; Daz dovht
(tunckt *L*) den Richter ein
heil *HLN*
115 Was *L*; dâ] dar *MW*, f. *LN*;
vnder *AMW*
116 Daz *N*; leide] liebe *HLN*,
nicht leit *M*; Daz wunds
daz da sölte geschehen *W*
117 giengen i. *H*, giengen si sa
(so *W*) *MWLN*
118 Da *AW*; dâ] do *W*; Dez
waz dez tagez marckt tag
da *L*

und was dâ liute genuoc.
120   dem rihtære man dâ truoc
vil manic trinken an die hant.
dône was dâ nieman bekant,
wer sîn geselle wære.   98rb
dem bôt der rihtære;
125   der tîvel woldes aber niht.
dô ergie ein sô getân geschiht,
daz einem wîbe geschach
von einem swîne ein ungemach.
daz treip si balde vür ir tür:
130   «nu ginc dem tîvel hin vür!»
sô sprach daz zornige wîp,
«der neme dir hiute dînen lîp.»
der rihtære sprach: «geselle mîn,
nu nim vil balde daz swîn!
135   ich hœre wol, daz man dirs giht.»
«ezn ist ir ernst leider niht»,
sprach der tîvel wider in,
«ich vüerte ez williclîche hin,
gæbe si mirz mit der wârheit.

119 waren *W*; dâ l.] do l. *M*,
    der l. da *HLN*
120 dâ] dar *H*, do *M*, da für *N*
122 Do *MLN*, Da *W*
123 Der *L*
124 Do (Da *N*) bott jm d. r. *LN*
    Nach 124 : Daz trincken
    och an der stunt   Er tät ez
    aber nit an munt *L*
125 Wan d. *L*; woldes] wolt sin
    HWLN, wolde dez *M*; aber
    f. *LN*
126 ein] da *L*, da e. *N*; sô g.
    f. *N*
127 eime *A*; geschach] daz
    beschach *L*, da g. *N*

128 eime *A*; ein f. *MW*
129 ir] di *MW*
130 gang *LN*; dem] zv dem
    MWL; hin] balde h. *M*
131 Da *W*, Also *L*
132 hiute d.] lebñ vnd *LN*
134 Nu (f. *N*) gang dar vñ nim
    d. s. *LN*
135 Ir horet *H*; dirs] dirz *AN*,
    dir sin *HW*, sein dir *M*,
    sin *L*; git *A*
136 Ez *HMWLN*; ir e. l.] l. ir
    e. *MW*, l. e. *L*, ir l. e. *N*
137 – 140 *ersetzen LN durch*
    151 – 154

140 næme ich irz, ez wære ir leit.»
  dô giengens an den market baz.
  dâne weiz ich aber, waz
  einem andern wîbe geschach,
  daz si ze einem rinde sprach:
145 «dem tîvel sîstu gegeben,
  der neme dir hiute dîn leben!»
  dô sprach der rihtære:
  «nu hœrestu wol daz mære,
  daz dir daz rint gegeben ist.»
150 «ez irret ein vil karger list»,
  sprach der tîvel aber dô,
  «si wære ein jâr dar umbe unvrô,
  würde si des innen,
  daz ich ez vüerte von hinnen.
155 ichn ruoche, waz dâ geredet sî;
  dâne was der ernst niender bî.
  ichn hân niht an dem rinde.»
  dô sprach ein wîp ze ir kinde:
  «dune wil niht tuon durch mich,
160 der übel tîvel neme dich!»

140 N. ich ez ez w. ir vil l. *H*
141 Sie giengen *HLN;* fûr baz *N*
142 aber] niht a. *H,* niht rehte
  N; Da der lüt vil waz *L*
143 andern *f. MW;* geschach]
  aber g. *W,* beschach *L*
144 rinde] kind *N*
145 ergebn *L*
146 hiute d.] lib vn *LN*
147.148 *umgestellt N*
147 Sô *N*
148 Du horest w. *W;* die *H*
149 daz²] ditz *H;* rint] kint *N;*
  geben *ML*
150 In *A;* krancher *W;* Ez leret
  eins v. k. l. *L*
151–154 *ersetzen in LN*

137–140 *und f. hier*
152 dar umbe *f. W;* Si w. dar
  vmb ein iar u. *M*
153 Vn̄ w. *H;* Wen̄ (Swenne *N*)
  sy dez wurd jnnē *LN*
154 vüerte] hette *L;* von *f. HLN*
156 Da *MW;* niender bî] niht
  dabi *W*
155.156 *f. H   Statt* 155. 156:
  Jr ist nit ernst dar zu
  Waz ich anderswa nü thu
  (Swaz i. a. getu *N*) *LN*
157 Ich *MWN;* So han ich nit
  a. d. r. *L;* rinde] kinde *N*
158 zu ainem *L*
159 Dv *MWLN;* wilt *HMWLN;*
  tuon] lassen *LN*

«nu nim daz kint!» sprach der man.
«ichn hân dâ rehtes niht an»,
sô sprach der tîvel sâ zestunt,
«si næme niht zwei tûsent pfunt,
165   daz si mirs alsô gunde,
daz ich michs underwunde.
ich næme ez gerne, möhte ich.»
dô giengens alsô vür sich
unz enmitten an den market.   98va
170   der was alsô gestarket,
daz si dâ wâren alle gar,
die des tages wolden dar.
dâ begunden si stille stân.
dô begunde ein witwe zuogân;
175   diu was beidiu siech und alt.
ir unkraft was manicvalt;
des was grôz ir ungehabe.
si gie vil kûme an einem stabe.
dô si den rihtære anesach,
180   si begunde weinen unde sprach:

162 Ich *MWLN*; rehtes n.] recht
n. *H*, n. rechtes *MW*, laider
nit *LN*
163 Sô] *f. HLN*, Do *MW*; sâ]
da *L*
164 zwei t.] tausent *MW*, zechn̄
L, hvnd^st tausēt *N*
165 mirs] mir ez *H*, mir sin *WLN*;
alsô *f. WLN*
166 Daz ich] Vn̄ *L*; mich sin
HMWLN
167 gerne] vil g. *N*; möhte] vn̄
m. *W*
168 alsô] ab^s *MW*, allez *N*
169 Byß *LN*; mitten *HMWN*;
an] vff *L*
170 erstarkte *M*, erstarket *W*,
starck *L*

171 Das sy (di *N*) gar (alle *N*)
warent komen har (dar *N*)
LN
172 sölten *W*; Di ze market
wolten var *N*
173 Do *M*; begunde *AN*
174 Vnd *M*, Da *W*; Ain wib
begund zu jm gan *L*
175 beidiu *f. N*
176 Vn̄ (Ir *LN*) armvt *HLN*;
was] die w. *LN*
177 was] wart *H*; grôz] vil g. *L*;
ir *f. H*; vngemach *L*
178.179 *f. L*
178 gieng *WN*; vil *f. MWN*;
eime *AWN*
179 Da *WN*; an gesach *W*

«wie was dir sô, rihtære,
daz du sô rîche wære
und ich sô arm bin gewesen,
und du niht trûwetest genesen,
185 dune habest mir, âne schulde
und âne gotes hulde,
mîn einigez küelîn genomen,
dâ ez allez von solde komen,
des ich armiu solde leben?
190 mirn ist diu kraft niht gegeben,
daz mir der lîp sô vil tüge,
daz ich dar nâch gân müge,
dâ man mirz gebe durch got.
des enhâstu niht wan dînen spot.
195 nu bite ich got durch sînen tôt
und durch die grimmiclîchen nôt,
die er an sîner menscheit
durch uns arme alle erleit,
daz er gewer mich armez wîp,
200 daz dîn sêle und dînen lîp
der tîvel müeze vüeren hin!»

181 O we dir r. *HL*, We we dir
r. *N*
183 arme *HM*
184 Daz *N*; du f. *W*; n. trutest *AH*,
trouwest n. *M*, getorhdest
n. *W*, n. trüwest *LN*
185 Dv *MWL*; hast *M*; mir] an
m. *A*; âne] a. alle *W*
186 âne] wider *MW*
187 eines *H*, armes *MW*, aigens *L*
188 Do daz a. v. *H*, Da vō ez
a. *MW*; Daz ich von allen
bin komen *N*
189 armiu] vil a. *HLN*
190 Mir *MWLN*; geben *ML*

191 der] min *M*; vil] wol *L*;
trüge *N*
192 ich] i. mich *L*; dar] dˢ *A*;
gân] gigen *A*, gegen *W*, f. *L*
193 mir iht g. *W*
194 hastu *MWLN*; niht w.] wan
H, nvwen *W*
196 die f. *W*; grimmeliche *HL*,
grimmigen *MW*
198 arme a.] armē sünder *L*,
alle *N*; leit *HMWL*
200 und] u. ouch *MW*; dînen]
din *AMWL*; D. sein s. u.
sein l. *N*
201 D. übel t. für hin *LN*

dô sprach der tîvel wider in:
«der rede ist ernst, nu nim war!»
er gevienc in vaste bî dem hâr
205 und begunde ze berge gâhen,
daz ez alle die anesâhen,
die an dem market wâren.
im mohte diu vart wol swâren.
er muose kumberlîcher varn
210 denne daz huon mit dem arn.
dem tîvel wart von dannen gâch;
die liute sâhen im alle nâch.
ichn weiz, waz dar nâch geschach,
dâ man in aller verrest sach.
215 dâ endet sich daz mære.   98vb
    Alsô was der rihtære
mit sige worden sigelôs;
er wânde vinden und verlôs.
ez ist ein unwîser rât,
220 der mit dem tîvel umbegât.
swer gerne mit im umbevert,
dem wirt ein bœser lôn beschert.

---

203 Der r. i. e.] Des ist e. *H*,
    Sich daz ist e. *L*, Sich dez
    ernstes *N*; nu *f. HWN*
204 greif in (jm *LN*) *HLN*,
    vienk in *MW*; vaste] rechte
    M; in daz h. *AHLN*
206 anesâhen] sahen *MW*, wol
    sahen *N*
208 In *HMW*; v^{s}smahen *W*
209 kvmmerlichen *WL*
210 Sam *W*; Den ain h. *L*, Daz
    ein h. *N*
    Reihenfolge in A: 211.213.
    214.212; 211.212 *f. LN*

211 danne *HM*
212 im *f. MW*; allez *MW*
213 Ich *W*; Ich w. nicht w.
    MLN; dar] da *A*; beschach *L*
214 sach] an sach *H*
216 Svst *HLN*; was] wart *AW*
218 vinden] vinde *W*, gewinen *L*;
    und] er *HWL*
219 unwîser] vil u. *MW*
220 mit tevfeln *H*
221 Wer *L*
222 beschert] vō ī wesch^{s}t *N*

er kan sô manigen grimmen list,
daz er vil guot ze vürhten ist.

XVIII

DER WEINSCHWELG

    Swaz ich trinkens hân gesehen,
daz ist gar von kinden geschehen:
ich hân einen swelch gesehen,
dem wil ich meisterschefte jehen.
5 den dûhten becher gar enwiht,
er wolde näpfe noch kopfe niht,
er tranc ûz grôzen kannen.

223 sô] vil M, f. W; argen L
224 Daz er] Dˢ W; vil g.] v. wol
MW, wol LN; förhtende WL
Nach 224: Daz wart wol an
dem richtär schin   Got laß
vns von der helle pin L

Swer gelauben dez niht
welle   Der versûche ez da ze
helle N

XVIII. A 271 (Bl. 173va – 175vb)
bb c 73 (Bl. 111ra – 112va)

Text nach c:

111ra]   Von den großen truncken.

Waz ich trinckes ye hon gesehen,
                  [1]
So wil ich fur die worheit iehen,
Daß ich solchs trinkes nye
                [gesach,
Den do von einem man geschach.

Vor der Überschrift als Vorschrift für den Rubrikator:
von dē großen truncken

5 Dem wil ich der meinsterschaft
                [iehen, [4]
  Wann er hetz zu einem lehen.
  Den dauchten becher enwicht, [5]
  Er wolt nepf, kopf, gleser nit. [6]
  Nepff, kopff wer ein peürisheit,
10 Gleser wer ein affenheit:
111rb] Er tranck auß großen kannen.
                [7]

er ist vor allen mannen
ein vorlouf aller swelhen.
10 von ûren und von elhen
wart solher slünde nie niht getân.
ez muose alle zît vor im stân
ein grôziu kanel wînes vol.
er sprach: «wîn, ich erkenne dich wol!
15 ich weiz wol, daz du guot bist.
die wîle dîn in dem vazze iht ist,
sô wil ich bûwen dise banc.»
dô huob er ûf unde tranc:
    Einen trunc von zweinzec slünden.
20 er sprach: «nu wil ich künden,
waz tugent du hâst, vil lieber wîn.
wie möhtestu tugenthafter sîn?
du hâst schœne und grôze güete,
du gîst uns hôchgemüete,
25 du machest küene den zagen.
swer dîn wâfen wil tragen,
der wirt wîse unde karc,
er wirt snel unde starc,

10 owern *A*   14 enchenn *A*
12 mvz *A*   20 ich *f. A*
13 groze *A*   22 tugenhafter *A*

Er ist vor allen mannen
Ein vor lauff aller slünt.   [9]
Daß tün ich euch kvnt,
15 Daß ich sulcher slunt   Nye nicht
    [ver nam.
Es müst alle zeit vor in stan [12]
Ein groß kandel weins vol.
Wenn er sprach: «ich ken dich wol!
Ich weyß, daß du gut bist.
20 Die weil dein in dem vaß icht ist,
So wil ich bawen dise panck.»
Do hub ich auff vnd tranck: [18]

Ein trünck von czweinczigen
    [slunden.
Er sprach: «ich wil eüch kvnden,
25 Waz du dugent hast, liber wein.
Wie mogst du tugenthafter sein?
Du host schon vnd groß güt,
Du geist vns hohen müt,
Du magst kvn den zagen.
30 Wer dein waffen wil tragen,
Der wirt weis vnd karck,
Er wirt snel vnd starck,

15 *In c zwei Zeilen*

43

er fürhtet niemannes drô.
30 du machest die trûrigen frô,
du gîst dem alten jungen muot,
du rîchest den armen âne guot,
du machest die liute wolgevar.
du bist ouch selbe schœne gar,
35 du bist lûter unde blanc.»
dô huob er ûf unde tranc:
    Einen trunc, der für die andern gie.
er sprach: «war umbe oder wie
solde ich den wîn vermîden?
40 ich mac in wol erlîden,
sît er allen mînen willen tuot.
er dunket mich bezzer denne guot;
ich geniete mich sîn nimmer.   173vb
ich wil in loben immer
45 für bûhurdieren und für tanz.
crône, tschapel unde cranz,
pfelle, samît und scharlât,
swaz gezierde disiu werlt hât,
die næme ich niht für den wîn.

29 niemens *A*   33 machit *bb*
30 trorigen *A*   34 schoene gar] schônpar *bb*

Er furcht nyemancz dro.
Die traürigen macht er fro;   [30]
35 Dü geist dem alten jungen müt,
Wer newr dein willen tüt.
Du bist selber wol gefar;   [33]
Daz sag ich fur vor:
Du bist lauther vnd planck.» [35]

40 Du hub er aber auff vnd tranck:
                  [36]
    Ein trünck, der fur die ander gie.
    Er sprach: «wor vmb oder wie
111va] Solt ich dich, wein, vermeyden?
    Ich mag dich wol erleyden.

45 Seit er meinen willen tüt,
Er dünckt mich beßer dan güt;
Ich genit mich sein nymmer.
Ich wil in loben ymmer   [44]
Fur türney vnd fur stechen,
50 Fur tanczen, hofiren, fur sprechen,
Fur pfeller, samet vnd scharlach;
                   [47]
Waz zird die werlt gehaben mag:
                   [48]
Es sey silber oder gold
(Dennoch bin ich dem wein holt),
55 Daß holt ich nit fur den wein.
                   [49]

44

50 in hât in dem herzen mîn
mîn minne alsô behûset,
versigelt und verclûset:
wir mugen uns niht gescheiden.
swer mir in wolde leiden,
55 der müese immer haben mînen haz.
er kürzet mir die wîle baz
denne sagen, singen, seitenclanc.»
dô huob er ûf unde tranc:
   Einen trunc noch grœzer denne ê.
60 er sprach: «gras, bluomen unde clê
und aller crûte meisterschaft,
die würze und aller steine craft,
der walt und elliu vogelîn
diu möhten dîn, vil lieber wîn,
65 die liute niht ergetzen.
si möhten dich niht ersetzen
mit allem dem, daz si kunnen.
ich wil dir gerne gunnen,
daz du mir kürzest die zît.
70 swaz fröuden mir diu werlt gît,
diu kumt vil gar von dîner tugent;

---

59 dann *A*   vil lieb⁵ win
64.65 Die mohten dich niht   Die liute ergetzen *A (vgl. c)*

In hot in dem herczen mein
Die mynne also behaüst,
Versigelt vnd verklaüst,
Daz wir vns nit scheiden.
60 Wer in mir wolt leiden,
Der müst haben mein haß.
Er kurczt mir die weyl baß
Dann aller seiten klanck.»
Do hub er aber auff vnd tranck:
              [58]
65 Ein trünck noch beßer dann Ee.
Er sprach: «graß, plumen oder kle

Vnd aller creatür meinsterschafft,
Würcz vnd aller stein krafft,
Der walt vnd alle fogellein:
70 Do moht dich, liber wein,
Die werlt nit ergeczen.
Sie mochten dich nit geseczen
Mit allem dem si kvnden.
Ich wil dir wol gvnnen,
111vb] 75 Das du mir kurczest diß
               [zeit.
Was freüden mir diß werlt geit,
Daß kumpt als von deiner tügent

45

dîn lop hât immer jugent,
dîn werdekeit wirt nimmer cranc.»
dô huob er ûf unde tranc:
75   Einen trunc alsô starc,
und solde er eine halbe marc
ze lône dâ mit verdienet hân,
ern dörfte niht bezzers hân getân.
er sprach: «beidiu ich und der wîn
80   müezen immer ensamt sîn.
mir ist an im gelungen;
er hât mich des betwungen,
daz ich ie tet, swaz er mir gebôt.
der wîn ist guot für manige nôt.
85   künde er niht wan fröude geben,
diu werlt solde immer gein im streben.
sîn fröude ist vor allen dingen.
ich wil nâch fröuden ringen.
sît mir der wîn fröude gît,   174ra
90   nu wil ich trinken unz an die zît,
daz er mir sô vil fröuden gebe,
daz ich mit fröuden immer lebe.
wie kan ich denne verderben?
ich wil nâch fröuden werben.
95   des habe mîn lîp immer danc!»
dô huob er ûf unde tranc:
     Daz man nie solhes niht vernam.
er sprach: «der herzoge Iram

73 wirt] wir *A*   90 trinken] ringen *A* (*vgl. c*)
78 Er *bb*   98 yram *A*
83 ich *f. bb*

(Sein lop hot vmmer iügent);   80 Do hub er aber auff vnd tranck:
Dein wirdikeÿt wirt nymmer   [74]
     [kranck.»

der was gar âne wîsheit,
100 daz er einem wisent nâchreit,
er und sîn jäger Nordiân;
si solden den wîn gejaget hân,
sô wæren si wîse, als ich pin.
mir ist vil samfter denne in.
105 ich kan jagen unde vâhen,
mich enmüedet niht mîn gâhen.
ich jage den vil lieben wîn;
des jäger wil ich immer sîn.
er hât mir ie sô wol getân.
110 swaz ich sîn her getrunken hân
und swaz ich sîn naht unde tac
in mînen lîp geswelhen mac,
daz ist wan ein anefanc.»
alrêst huob er unde tranc:
115   Vil manigen ungefüegen slunt.
er sprach: «wîn, mir ist dîn tugent kunt.
ich erkenne wol dîne craft,
dîn kunst und dîne meisterschaft.
du bist meister der sinne,
120 du liebest mir für die minne,
du machest stæte manigen kouf,
du machest manegen wettelouf,

---

111 nach *A*   121 stæte m. k.] mangē steten
120 für *f. A (vgl. c)*   k. *bb*

Mangen vngefugen slunt.   [115]
«Wein, mir ist dein tugent kunt.
Ich kenn wol dein krafft,
Dein tugent vnd dein meinster-
              [schafft.
85 Du bist meinster der synne,
Du libst mir fur die mynne, [120]
Das ich den schimpff mus bawen,
Kosen mit schonen frawen

Vnd dein mos an die ellen;
90 Du machst gut gesellen.
Du magest stet mangen kauff
              [121]
Vnd vnter weyln ein auff lauff,
              [122]
Du magest lanck die kurczen
              [stegen
Vnd manick groß krigen,

47

du machest maniger hande spil,
mit fröuden kurzewîle vil.
125 diu werlde ist gar mit dir erhaben.
du kanst die durstigen laben,
du machest die siechen gesunt.
sît du mir êrste würde kunt,
sô bin ich dir gewesen bî:
130 swie vil dîner diener sî,
daz mich doch niemen von dir dranc.»
dô huob er ûf unde tranc:

---

129 gewesin *A*　　　　　　　　130 diener^e *A*

---

95 Du magest manger hant spil [123]
Mit freuden kürczweil vil;
Die werlt ist mit dir erhaben.
Du kanst die durstigen laben,
Du magst die sichen gesunt.
100 Seitü mir erst wurd künt,
Seit pin ich dir gewesen beÿ,
Wann du magst mich sorgen freÿ,
Daz mich nymman von dir
　　　　　　　　[dranck.»

Do hub er aber auff vnd tranck:
　　　　　　　　[132]
105 Daß mir doch solcher slunt
Ny mer wart künt
112ra] Vnd nye mer vernam. [97]
Er sprach: «der herczog von aatan
　　　　　　　　[98]
Waz dem wein so gar berait,
110 Daz er eynem trünck noch reyt
　　　　　　　　[100]
Offt eins tages wol siben meÿl.
Er hieß alle sein diner eÿln,
Daß im nicht enging der wein,
Oder er müst verdorben sein.
115 Er vnd sein ieger iordan [101]
Solten die tier geiaget hon: [102]
Do iagten sie noch dem liben
　　　　　　　　[wein;
Des müsten sie offt ein gast sein.

Wern sie weiß, als ich bin, [103]
120 Mir ist vil bas dann in.
Ich kan iagen vnd vohen,
Ich wil mich nit vergohen.
Ich iach auch den liben wein;
Des ieger wil ich vmmer sein:
125 Der hot mir so wol geton.
Was ich sein getruncken hon
Vnd was ich sein nacht vnd tag
In meyn leyp geswenden mag,
Daß ist newr ein anfanck.»
130 Do hüb er auff aber vnd tranck:
　　　　　　　　[114]
Ein drünck grossen vnd starck,
　　　　　　　　[75]
Vnd solt er ein halbe marck
Do mit zu lon verdinet hon,
Er dorfft beßer nit gethon.
135 «Beÿde ich vnd der wein
Mussen ymmer gesamet sein.
Mir ist an im wol gelungen;
Er hot mich des beczwngen,
Daz ich ye det sein gebot.
112rb] 140 Wein ist gut fur manick
　　　　　　　　[not.
Kond er den nit freuden geben,
Die werlt solt noch im streben.
Freud ist vor allen dingen.
Wir sullen noch freuden ringen.
145 Seit der wein so vil freiden git,

48

Daz die slünde lûte erclungen
und vaste ein ander drungen.
135   dâ wart von starken slünden   174rb
ein sturm, daz von den ünden
diu drozze wart ze enge,
daz sich von dem wâcgedrenge
diu güsse begunde werren,
140   blôdern unde kerren
als ein windesprût ûf dem mere.
dâ wart mit hurteclîcher were
versuochet maniges slundes craft.
er sprach: «daz ist ein meisterschaft,
145   daz ich noch niht getrunken hân.
mîn kunst ist alsô getân,
daz ich mich niht vergâhe
und ez müezeclîche anefâhe,
durch daz ich ez lange trîben wil.

---

134 Vñ ane and^s A (vgl. c)   147. 148 v^{s}gahen: ane vahen
136 stvrme A   (jeweils mit expungiertem
141 wides sprovt A   Schluß-n) A

So wil ich trincken an die zeit,
Das er mir so groß freude geb,
Das ich vmmer mit freuden leb;
                              [92]
Des hab myn leip vmmer danck.»
                              [95]
150 Do hüb er aber auff vnd tranck:
                              [96]
Das die slund laut erclüngen [133]
Vnd vast ein ander drüngen.
Do wart von den vnden
Ein stürm in den slunden,
155 Wan der wein in in viel
Als in das mer ein voller kiel
Vnd als die winczbrawt vff dem
                              [mer.

158 mit] nit

Do wart mit kurczlicher wer
Versucht manges slündes krafft.
160 «Ist das nit ein meinsterschafft,
Das ich noch nit getruncken hon
                              [145]
Vnd den dürst nit erleschen kan,
Noch meines gelustes gnück?
Das ist ein groß vnfück,
165 Wann versalczen warn die würst.
Ey wie ser mich noch dürst!»
Do hub er aber an:
«Meyn kunst ist also geton,   [146]
Daß ich mich nit vergohe
170 Vnd eß müßlich ane vöhe,
Durch das ichs lanck treyben wil.

49

150 ich lebe wênic ode vil,
mir wirt trinkens nimmer buoz.
habe iemen einen ringen fuoz,
der bringe mir guoten aneganc.»
dô huob er ûf unde tranc:
155   Als er nimmer wolde erwinden.
er sprach: «wâ sol man vinden,
swenne ich erstirbe, einen man
der trinke, als ich trinken kan?
mîn habent alle trinker êre.
160 man sol mir danken sêre,
daz ich ir leben sô ziere.
der besten trinker viere,
die volgent mir niht einen tac.
ich kan wol trinken unde mac;
165 ich hân künste unde craft.

159 trinchær *A*   163 niht *f. A*
162 triⁿchær *A*

Ich lebe wenick oder vil,
112va] So wirt mir trinckes nymmer
[buß.
Hab ymant ein iungen fuß, [152]
175 Der sol her zu mir gon,
Den wil ich mit trincken bestan.
Ich wil nymmer erwinden, [155]
Ich müß ein gleichen Güten
[czech gesellen vinden. [156]
So sullen wir dann trincken
180 Vnd mit den aügen ein ander
[wincken,
Als die trincker alle thün.
Heten wir ein gefulcz hün
Vnd ein sweynin broten güt,
So wurden wir erst wol gemüt
185 Vnd weren aller sorgen freÿ.
178 *In c zwei Zeilen*
183 sweÿin

Wart gesell, das wein do seÿ,
Bey vns hie aüff diser banck!»
Do hub er aber auff vnd tranck:
«Schenk ein, gib trincken,
190 Bis vns die zvngen hincken.»
Er sprach zu dem gesellen sein:
«Wart gesell, das hie sey wein!
Loß dir die weil nit wesen lanck!»
Do hub er aber auff vnd tranck.
195 Hie die trünck enden sich.
«Het ich newr gefult mich»,
Sprach der groß trincker.
Got er loß vnß aller swer
Vnd mit dem lebendigen brünne
[vns speiß
200 Vnd in sein reich vns weÿß.

50

    mîn herze ist sô tugenthaft,
    daz ez an trinken nie gehanc.»
    dô huob er ûf unde tranc:
        Einen trunc, der die andern übersteic.
170   dô stuont er ûf unde neic.
    er sprach: «wîn, dir sî genigen!
    ich trûwe mit dir wol gesigen.
    die wîle du bist mîn nâchgebûr,
    mir enschadet der schîme noch der schûr;
175   im kan deheiner sorgen pflegen:
    mir enschadet diu sunne noch der regen;
    diu fröude bûwet mînen muot.
    ich ensorge umbe êre noch umbe guot,
    umbe friunde noch umbe mâge.
180   ichn urliuge noch enbâge
    und enruoche, wie blôz der walt stê.   174ᵛᵃ
    mir enschadet der wint noch der snê,
    der rîfe noch der anehanc.»
    dô huob er ûf unde tranc:
185   Einen trunc, der grôze güsse truoc.
    er sprach: «diu houwe und der pfluoc
    diu müesen immer ledic sîn,
    wessen die gebûren, daz der wîn
    sô maniger êren wielte
190   und sô manic lob behielte.
    erkanten si rehte sîn tugent,
    si vertriben ir alter und ir jugent
    bî dem wîne al gemeine.

166 tugenhaft A
167 Da A
170 er] eˢ in A
171 gengen A
172 trov A
173.174 nahgebv̂re: schower A

177 minet A
180 ich envrlivge (vrlivge am
    Rand wiederholt) A
187 Die A
191.192 tvgendᵉ: ivgendᵉ A

nu erkennent sîn vil cleine.
195 daz hân ich ze einem heile.
dâ von ist er wolveile.
daz machet mir mîn leben lanc.»
dô huob er ûf unde tranc:
    Einen hundertslündigen trunc.
200 er sprach: «daz machet mich junc,
daz ich mîne trünke lenge
und den slünden des verhenge,
daz si swellent unde grôzent
und sô hurticlîche stôzent,
205 daz die slege von den ünden
ein sturm hebent in den slünden.
swer mir êrste gab den wîn,
des lop müeze immer sælic sîn.
er hât mich wol gelêret.
210 er ist sîn immer geêret,
wan mir ie wol an ime gelanc.»
dô huob er ûf unde tranc:
    Einen trunc langen und sô grôz,
daz sîn alle die liute bedrôz,
215 die ez hôrten unde sâhen.
er sprach: «ez wil im nâhen,
daz ich trinkens wil beginnen.
ich bin wol worden innen,
daz mir der wîn süezet
220 und mîn herze grüezet.
dâ wider biute ich mînen gruoz.
wîn, ich valle dir ze fuoz.
ich enphienge dich gerne, kunde ich, baz.
ich enphâhe dich immer âne haz,
225 du enphâhest mich, als tuon ich dich;

---

199 Ein hvnderslvntigen *A*   206 Ein stvrme habent *A*
203 snellent *A*   223 dich] dir *A*

der anpfanc ist minneclich.
daz sî unser beider anpfanc!»   174vb
dô huob er ûf unde tranc:
    Einen trunc, der begunde plôdern,
230 als daz wazzer ûf den flôdern
ûf alten kumpfmüln tuot.
er sprach: «daz ist ein süeziu fluot,
diu wäschet mir von dem herzen
unfröude unde smerzen.
235 er kan mich leides wol erjeten.»
dô begunde er springen unde treten
manigen sprunc seltsænen.
er sprach: «niemen sol des wænen,
daz er sich mir gelîche.
240 mîn herze ist sô vröuden rîche.
der wîn, der mich dâ machet junc,
dem wil ich springen einen sprunc.»
vrôlîche er drîstunt ûfspranc.
dô huob er ûf unde tranc:
245   Der trunc wart maniges trunkes wert.
er sprach: «ich bin der trinkens gert,
ich bin ein trinkender man,
der alsô sêre trinken kan,
daz ich allen trinkern angesige
250 und allen trinkern obelige.
ich wart nie trinkens sat.
ich kom noch nie an die stat,
dâ ich getrünke mir genuoc.
wol der muoter, diu mich truoc!
255 sælic sî si küniginne!
sælic sî diu süeziu minne

226 anepfanc *A*   231 alten] allen *A*
227 antfanc *A*   237 sæltsænen *A*

53

und diu wîle, dô si mich erranc!»
dô huob er ûf unde tranc:
   Einen trunc, der wart swære.
260 swie vol diu kanel wære,
si was ze einem trunke niht volgrôz,
wan man ze einer nôt ingôz.
er hiez et vaste inegiezen
und lie daz in sich vliezen,
265 daz dâ noch solhez niht geschach.
dô saz er nider unde sprach:
«der wîn ist rehte ein gimme.
ich hœre eine süeze stimme
in mînem houbet singen;
270 die hœre ich gerne clingen.
ez ist rehte, daz ich in crœne:
er singet mêre süezer dœne
denne aller slahte clingen   175ra
und aller vogele singen.
275 mir wart solhes nie niht bekant.
er singet sô wol, daz Hôrant
daz dritteil nie sô wol gesanc.»
dô huob er ûf unde tranc:
   Daz diu banc begunde crachen.
280 er sprach: «des muoz ich lachen,
des ist ze lachen harte guot;
daz crachen fröuwet mir den muot.
ez machet des wînes güete.
ich hân allez mîn gemüete
285 in den fröuden wol getrenket;
dar in hân ich mich gesenket.
ich sanc ie sît der stunde,
daz ich êrste trinken kunde

---

260 vol] vvol (*das erste* v   281.282 gv̊te: mvte *A*
    expungiert) *A*   282 frevt *A*
277 dritte teil *A*

und mir der wîn sô wol geviel.
290 ich weiz wol, daz dehein kiel
in daz mere sô tiefe nie gesanc.»
dô huob er ûf unde tranc:
 Einen vierschrœtigen trunc.
er sprach: «ich pin worden junc
295 an lîbe und an muote.
wol mich», sô sprach der guote,
«daz ich sô gar ein meister bin
an trinken! seht, daz heize ich sin!
ich weiz wol: dâ ze Pârîs,
300 ze Padouwe und ze Tervîs,
ze Rôme und ze Tuscân
vindet man deheinen man,
ich ensî sîn meister gewesen,
daz mir nie gein einer vesen
305 ir deheiner möhte gelîchen,
halt in allen diutschen rîchen
kom mir nie deheiner zuo,
der beidiu spâte unde fruo
sô wol an trinken tûre.
310 wînes nâchgebûre
wil ich hiute und immer wesen.
mîn sêle muoz mit ime genesen.
im ist mîn sêle immer holt,
swenne er schœne als ein golt
315 von den zapfen schiuzet.
vil wênic mich des verdriuzet,
swaz man sîn in mich giuzet,
vil wol mîn lîp des geniuzet.
man saget von turnieren: 175ʳᵇ
320 vaste swelhen under vieren,

293 vierschotigen A   300 padu A
295 ane m. A   303 gewesin A
299 dâ ze] datz A

daz kan ich wol, des habe ich danc.»
dô huob er ûf unde tranc:
   Einen trunc, der vil grôz was.
er sprach: «swaz man ie gelas
325 von den, die minne pflâgen
und tôt von minne lâgen,
die wâren mir niht gelîche wîs.
wie starp der künic Parîs,
der durch Helenam wart erslagen!
330 des tumpheit sol man immer clagen.
er solde den wîn geminnet hân,
sô het im niemen niht getân.
vrou Dîdô lac von minne tôt,
Grâlanden sluoc man unde sôt
335 und gab in den frouwen ze ezzen,
want si sîn niht wolden vergezzen.
Piramus und Tispê,
den wart von minne sô wê
daz si sich rigen an ein swert.
340 mîn minne ist bezzers lônes wert,
denne ir aller minne wære.
mîn minne ist fröudebære.
ich bûwe der minne strâze,
mir ist baz denne Curâze,
345 der von minne in dem sê ertranc.»
dô huob er ûf unde tranc:
   Einen trunc mit grôzer île;
der werte unz an die wîle,
daz im diu gürtel zebrast.
350 er sprach: «daz bant ist niht ein bast,
dâ mit ich zallen stunden
ze dem wîne bin gebunden.

327 glich^s A   341 Den A
333 Vro; minen A   348 wert A

daz ist mîn sælde und mîn heil,
und sint ouch driu vil starkiu seil:
355 daz eine ist des wînes güete,
daz ander mîn stæte gemüete,
daz dritte ist diu gewonheit.
er mac mir nimmer werden leit,
ich muoz in immer minnen.
360 ich mac im niht entrinnen.
wie zebræche ich einen sô starken stranc?»
dô huob er ûf unde tranc:
    Sô sêre, daz si alle jâhen,
die sîn trinken rehte ersâhen,
365 swaz er getrunken het unz dar,   175va
des solde man vergezzen gar:
der trunc behielte gar den prîs.
er sprach: «diu werlt ist unwîs,
daz si niht ze wîne gât,
370 sô si deheinen gebresten hât,
und trünke dâ für allez leit,
für angest und für arbeit,
für alter unde für den tôt,
für siechtuom und für alle nôt,
375 für schaden und für schanden slac,
und für swaz der werlt gewerren mac,
für nebel und für bœsen stanc.»
dô huob er ûf unde tranc:
    Sô sêre, daz sich diu kanel bouc.
380 er sprach: «swaz ie gevlôz ode gevlouc,
daz sol billîche erkennen mich.
die liute solten alle sich
zu mînem gebote neigen.
diu werlde ist gar mîn eigen.

367 behilt *A*   376 gewern *A*
369 niht niht *A*   379 die *A*

385   ich hân gewaltes sô vil,
        daz ich tuon, swaz ich wil.
        swaz ich wil, daz ist getân.
        daz ich allen mînen willen hân,
        dâ von heize ich Ungenôz.
390   mîne tugende sint sô grôz:
        wære der werlde sô vil mê,
        daz daz mer und ieslich sê
        als guot wære als daz beste lant,
        daz müese stên ze mîner hant
395   und müese mir dienen âne wanc.»
        dô huob er ûf unde tranc:
           Sô lange und sô sêre,
        sô vil und dannoch mêre,
        sô vaste und sô harte,
400   daz sich daz hemde zarte.
        er sprach: «des wirt guot rât.
        ich weiz wol, waz derwider stât;
        ich kan wol wâfen mich.»
        er zôch einen hirzhals an sich
405   (den hiez er vaste brîsen),
        dar zuo von guotem îsen
        ein vestez banzier enge.
        er sprach: «des wînes gedrenge
        lât mich nu ungezerret.
410   ich hân mich sô versperret,
        er enmac mich niht entsliezen.   175vb
        des sol ich wol geniezen,
        daz ich ze fröuden mînen lîp
        getwungen hân, daz man noch wîp
415   sînen lîp sô sêre nie getwanc.»
        dô huob er ûf unde tranc . . .

386 swaz] daz A   401.402 gvte rate: state A
389 vngenoz A   402 was A
392 isliche A

www.ingramcontent.com/pod-product-compliance
Lightning Source LLC
Chambersburg PA
CBHW050351030726
47503CB00008B/2731